H Kluge

Die Schrift der Mykenier

eine Untersuchung über System und Lautwert der von Arthur J. Evans. Entdeckten

vorphönizischen Schriftzeichen

H Kluge

Die Schrift der Mykenier
eine Untersuchung über System und Lautwert der von Arthur J. Evans. Entdeckten vorphönizischen Schriftzeichen

ISBN/EAN: 9783743451650

Hergestellt in Europa, USA, Kanada, Australien, Japan

Cover: Foto ©Paul-Georg Meister /pixelio.de

Manufactured and distributed by brebook publishing software (www.brebook.com)

H Kluge

Die Schrift der Mykenier

AUTHOR:

KLUGE, H.

TITLE:

DIE SCHRIFT DER MYKENIER: EINE...

PLACE:

GOTHEN

DATE:

1897

Kluge, Hermann, 1832-1914.
Die schrift der Mykenier. Eine untersuchung über system und lautwert der von Arthur J. Evans entdeckten vorphönizischen schriftzeichen, von H. Kluge ... Cöthen, Otto Schulze, 1897.
vii, [1], 110 p. illus., fold. plate. 23cm.

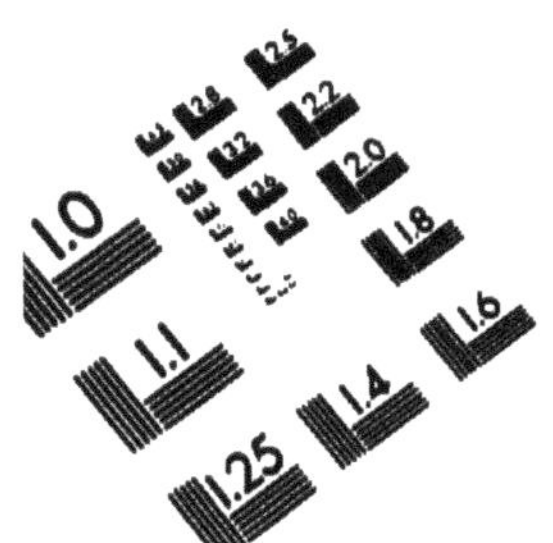

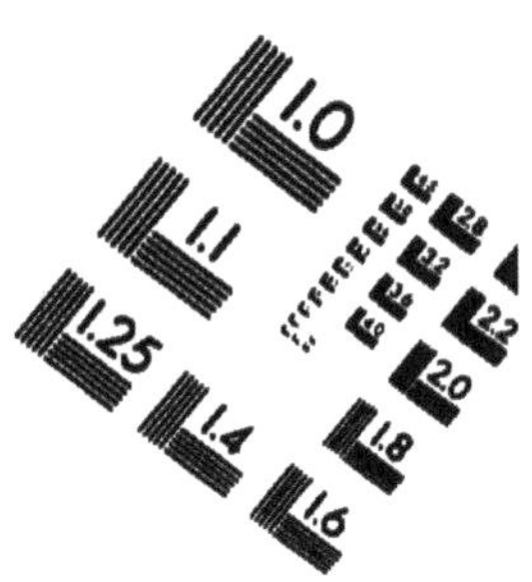

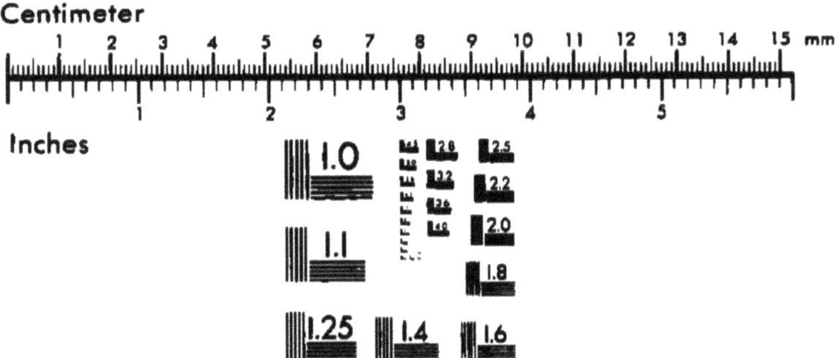
Centimeter
1 2 3 4 5 6 7 8 9 10 11 12 13 14 15 mm
1 2 3 4 5
Inches
1.0
1.1
1.25
1.4
1.6
1.8
2.0
2.2
2.5
2.8
3.2
3.6
4.0

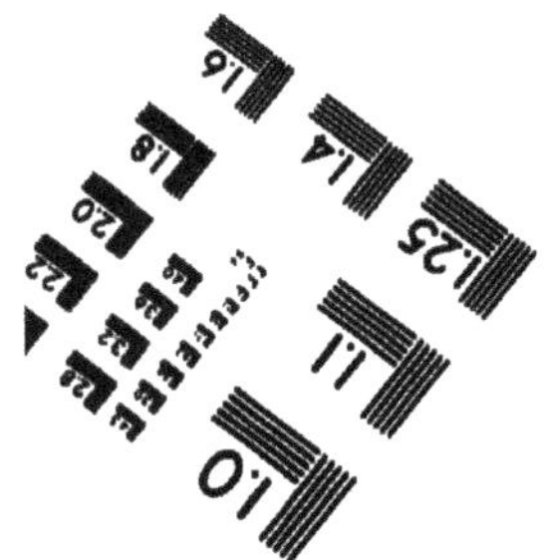
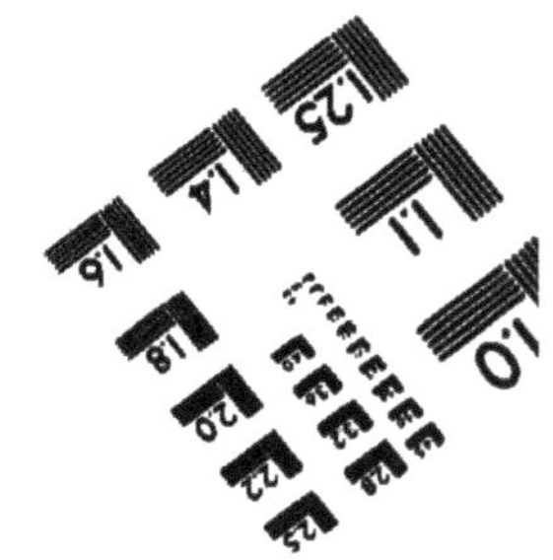

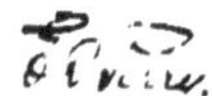

DIE

SCHRIFT DER MYKENIER.

EINE UNTERSUCHUNG ÜBER SYSTEM UND LAUTWERT DER VON ARTHUR J. EVANS ENTDECKTEN VORPHÖNIZISCHEN SCHRIFTZEICHEN.

VON

H. KLUGE.

MIT 4 SCHRIFTTAFELN UND 80 ABBILDUNGEN UND REPRODUKTIONEN VON INSCHRIFTEN.

CÖTHEN.

VERLAG VON OTTO SCHULZE.

1897.

SCHRIFT DER MYKENIER.

EINE UNTERSUCHUNG ÜBER SYSTEM UND LAUTWERT
DER VON ARTHUR J. EVANS ENTDECKTEN VORPHÖNIZISCHEN
SCHRIFTZEICHEN.

VON

H. KLUGE.

MIT 4 SCHRIFTTAFELN UND [illegible] ABBILDUNGEN UND REPRODUCTIONEN
VON INSCHRIFTEN.

CÖTHEN.
VERLAG VON OTTO SCHULZE.

1897.

VORWORT.

Eine etwas verfrühte Zeitungsnachricht von einer Entzifferung der von Evans entdeckten Schrift der sogenannten mykenischen Kulturperiode veranlasste im vergangenen Frühjahre zahlreiche Anfragen über eine etwa zu erwartende Publikation. Die allen Anfragenden zugegangene Antwort, dass eine vorläufige Veröffentlichung der Resultate in einer wissenschaftlichen Zeitschrift beabsichtigt werde, hat sich nun nicht bewahrheitet, und ich benutze jetzt die Gelegenheit, mich über die Gründe auszusprechen, die mich bewogen haben, die in Aussicht genommene vorläufige Publikation zu unterlassen. Ich musste damals sehr bald die Erfahrung machen, dass in diesem speziellen Falle Voreingenommenheit den Beweis wesentlich erschwerte, und dass es überhaupt ein aussichtsloses Beginnen war, ohne Abbildungen und andere Anschauungsmittel (wie ich es damals beabsichtigte) auch nur so viel Überzeugung zu erzielen, wie für die Hinnahme eines vorläufigen Berichts erforderlich gewesen wäre. Hierzu kam ein sachlicher Grund, der an sich genügt hätte, eine Änderung meines ursprünglichen Planes herbeizuführen: ich hatte noch wichtiges Material gefunden, welches mich in den Stand setzte, die Untersuchung von einer anderen Seite anzugreifen und ausserdem meine Ansicht über einen Teil der von Evans veröffentlichten Inschriften änderte.[1] Diese sind nämlich teils solche, die trotz der Verwendung von Bildern dennoch deutlich Schriftcharakter zeigen und den Ausgangspunkt einer Entwickelung zu linearer Schrift darstellen, teils sind sie ganz oder doch sehr überwiegend aus Bildern zusammengesetzt, so dass sie einen andern Charakter als die erstgenannten haben. Da die letztere Art in dem mir anfangs zu Gebote stehenden Material den breitesten Raum einnahm, so war ich vorzüglich auf diese angewiesen und legte auf sie den Hauptwert. Es stellte sich dann aber heraus, dass gerade die lineare Fortbildung der erstgenannten Art bis in verhältnismässig späte Zeiten hinein eine sehr bedeutende Verbreitung gehabt und offenbar die eigentliche Schrift der mykenischen Kulturwelt gebildet hat; die zweite Art dagegen stellt nur einen für bestimmte Zwecke dienstbaren Seitenzweig jenes Schriftsystems dar. Obgleich ich nun Grund habe, anzunehmen, dass gerade dieser Seitenzweig für das Verständnis gewisser anderer Schriftsysteme von Bedeutung sich erweisen wird, so bleibt doch vorläufig die lineare mykenische Schrift der Hauptgegenstand meiner Untersuchung. Ich beschloss unter den so geänderten Verhältnissen, auf einen „vorläufigen“ Bericht gänzlich zu verzichten und eine vollständige Publikation zu beschleunigen, um so mehr, als von sehr beachtenswerter Seite mir dazu geraten wurde.

Ganz im Gegensatz zu meinem ersten Plane ist in der nun hier vorliegenden Schrift der Hauptwert auf die lineare Schriftform und ihre Entwickelung aus der ursprünglichen Bilderschrift gelegt, während der oben erwähnte Seitenzweig, den ich

[1] Auch noch nach dem Schluss des Manuskriptes der vorliegenden Schrift habe ich aus Perrot-Chipiez, Histoire de l'art dans l'antiquité, und aus Schliemanns „Ilios“ noch eine nicht unbeträchtliche Anzahl von mykenischen Inschriften gesammelt, die zum grössten Teile in hervorragender Weise die Richtigkeit meiner Deutung darthun können, so dass ich bedaure, aus praktischen Gründen ihnen in dieser Schrift keinen Platz mehr einräumen zu können.

als sekundär-bildlich bezeichnen möchte, nur insoweit berücksichtigt ist, dass in einer gesonderten Untersuchung sein Vorhandensein nachgewiesen wird. Der Weg, den ich bei meiner Darstellung einschlug, musste den Verhältnissen angemessen von dem bei Entzifferung unbekannter Schriftsysteme sonst herkömmlichen abweichen. Während man sonst von etwa vorhandenen Transcriptionen in bekannte Schriftsysteme, von Bilinguen, Analogien der Anordnung des Inhalts und ähnlichen Anhaltpunkten aus in das unbekannte Schriftsystem eindringt, war dieser Weg in unserem Falle vorläufig ungangbar, da die vorhandenen Anhaltpunkte teils auf das selbst noch rätselhafte hittitische[1] Schriftsystem wiesen, teils zu unbestimmt und dürftig sind und deshalb zu keinem greifbaren Resultate führten.

Es wurde nun der Versuch gemacht, von der sachlichen Bedeutung der bildlichen Zeichen auszugehen, die in den von Evans aufgefundenen Inschriften vielfach recht gut zu erkennen war, und die Benennungen der abgebildeten Gegenstände in einer bekannten Sprache (der griechischen) festzustellen, deren Vorhandensein in den fraglichen Inschriften wahrscheinlich war.[2] Das Resultat dieser Feststellung sind die griechischen Benennungen, die in Tab. I den mykenischen Schriftzeichen beigesetzt sind.

Was im übrigen Anlage und Inhalt der vorliegenden Schrift anbelangt, so habe ich immer als Hauptziel die Feststellung

[1] Ich gebrauche hier, und wo sonst auch diese Inschriften erwähnt werden, die gewohnte und bekannte Bezeichnung Hittiter und hittitisch, da Benennungen wie Ḫati, ḫatisch, cilicisch oder gar altarmenisch — mögen sie auch vielleicht richtiger sein — nicht so allgemein verstanden würden wie die freilich mindestens schiefe Bezeichnung „hittitisch“.

[2] Auf engen Zusammenhang mit dem spezifisch griechischen Element scheint auch ein neuer, von Evans in diesem Frühjahre gemachter Fund hinzuweisen. Es ist eine mykenische Inschrift auf einem Opfertische, der an einer urgriechischen Kultstätte, in dem Temenos auf dem Gipfel des Juktas auf Kreta, aufgefunden wurde. Vgl. „The Academy“, June 13, 1896, Nr. 1258, S. 494.

der lautlichen Bedeutung des mykenischen Schriftsystems im Auge behalten und habe deshalb mit bewusster Absichtlichkeit alles beiseite gelassen, was diesem Zwecke nicht diente. So habe ich es unterlassen, wo es nicht eben durch den oben gekennzeichneten Gesichtspunkt dringend verlangt wurde, auf den sachlichen Inhalt oder das Alter der einzelnen Inschriften näher einzugehen, wie ich auch vermieden habe, da wo sich etwa dazu Gelegenheit bot, Entzifferungsversuche asiatischer Inschriften durch Sayce und andere Forscher zu erwähnen, weil bei dem grundverschiedenen Wege, den ich gehen musste, eine solche Polemik für den Zweck meiner Arbeit durchaus überflüssig war.

Wenn ich nun durch diese Beschränkung und durch die bei Auswahl des vorgeführten Materials angewandte Vorsicht es erreicht zu haben glaube, dass dem unbefangenen Leser die Richtigkeit des von mir der mykenischen Schrift untergelegten Lautwertes wenigstens in der Hauptsache einleuchtet, so bin ich mir doch sehr wohl bewusst, dass ich auch auf Widerspruch und absprechende Beurteilung stossen werde. Dies ist zu einem Teile in der Natur des Gegenstandes begründet, zum Teil aber liegt die Ursache in speziellen Vorurteilen, die im vorliegenden Falle hauptsächlich durch die Form hervorgerufen worden sind, in der die Resultate meiner Entzifferungsversuche zuerst bekannt wurden. Ich selbst habe der Entstehung von Vorurteilen dadurch Vorschub geleistet, dass ich, wie schon oben erwähnt, auf die sekundär-bildliche Schrift, die Einkleidung der linearen Schriftzeichen in Bildform, einen zu grossen Wert legte.

Hinsichtlich des Titels der vorliegenden Schrift bemerke ich, dass ich die nicht recht deckende Bezeichnung „Mykenier“ und „mykenische Kultur“ deshalb jeder anderen Benennung vorgezogen habe, weil eine durchaus zutreffende noch nicht gefunden ist, und weil die von mir beibehaltene Bezeichnung

wenigstens den Vorzug hat, allgemein bekannt und verständlich zu sein.

Ich kann dieses Vorwort nicht schliessen, ohne denen zu danken, die bei meinen Bemühungen um die Deutung der mykenischen Schrift mich gefördert und durch das Interesse, welches sie daran nahmen, ermutigt haben. Ich nenne vor allen den bekannten, vorzüglich um die Aufdeckung und Bekanntmachung der archäologischen Schätze von Cypern hochverdienten Forscher, Herrn Dr. Max Ohnefalsch-Richter, der mich durch die Liebenswürdigkeit und Bereitwilligkeit, mit der er mich mit Rat und That unterstützt hat, zu grösster Dankbarkeit verpflichtet hat. Ebenso benutze ich freudig diese Gelegenheit, dem geistvollen und scharfsinnigen Entdecker der mykenischen Inschriften, Herrn Arthur J. Evans, und dem Vorstande der Hellenic Society meinen Dank auszusprechen für die bereitwillige und liberale Überlassung der Clichés, deren ich zum Zwecke der vorliegenden Publikation bedurfte. Herr Evans hat ausserdem noch die grosse Güte gehabt, mir seine in der „Academy“ erschienenen vorläufigen Berichte über seine neuesten kretischen Funde zu übersenden.

Auch der Herr Verleger dieser Schrift, der weder Mühe noch Kosten gescheut hat, um mir die Anwendung aller zu klarer Darstellung nötigen Abbildungen und sonstigen Anschauungsmittel zu ermöglichen, wolle mir gestatten, ihm an dieser Stelle besten Dank zu sagen.

Cöthen (Anhalt) im October 1896.

H. Kluge.

INHALT.

Bis zum Jahre 1894 stand seit der Aufdeckung einer sogenannten mykenischen Kulturperiode als Dogma unter den Archäologen fest, dass diese Kulturperiode keine Schrift besessen habe. Was an schriftähnlichen Verzierungen gefunden war, erschien wegen seiner Vereinzelung eben nur als Verzierung, und wenn der eine oder andere doch Schriftzeichen darin erblicken und wohl gar Leseversuche anstellen wollte, so lief er Gefahr, für einen Phantasten gehalten zu werden. Dabei verkannte man ja nicht, dafs die Schriftlosigkeit dieser Periode etwas sehr Auffallendes war, einmal wegen der hohen Kultur, die angesichts der aufgedeckten Reste der mykenischen Periode zugesprochen werden musste, dann aber wegen der feststehenden Thatsache, dass zu jener Zeit andere Völker, wie Aegypter und Babylonier u. a. ausgebildete Schriftsysteme besessen haben. Im Juni des oben genannten Jahres berichtete nun Arthur J. Evans aus Kreta von Aufsehen erregenden Funden. Der Bericht war im Londoner „Athenaeum" veröffentlicht und teilte mit, dass Evans auf Kreta eine nicht geringe Anzahl von geschnittenen Steinen gefunden habe, die zweifellos der mykenischen oder vormykenischen Kulturperiode angehörten, und die ebenso zweifellos Schriftzeichen trügen. Evans gab auch eine allgemeine Beschreibung, aus der hervorging, dass es sich um eine Art Bilderschrift handelte; er gab an, eine Zahl von etwas über achtzig Zeichen unterschieden zu haben.

Eine genaue Beschreibung mit vorzüglichen Abbildungen veröffentlichte dann Evans im „Journal of Hellenic Studies" XIV, 2

1894[1], und aus den Nachweisungen dieser Publikation ging zweifellos hervor, dass es sich wirklich um eine bis dahin nicht bekannte oder nicht erkannte Schrift der vormykenischen und mykenischen Periode, jedenfalls um eine vorphönizische Schrift, handelte. Zugleich zeigte sich, dass nicht Kreta allein Fundort solcher mit Inschriften versehenen Steine sei, sondern dass diese sich auch sonst auf den Inseln und an den Küsten des aegaeischen Meeres finden; Evans bezeichnet deshalb diese Schrift auch gern als aegaeisch. Das Material, auf dem die Inschriften sich befinden, ist teils weicher Stein (Speckstein), teils auch härter, wie Carneol, Jaspis u. s. w. Die Form der Steine ist verschieden; aber meistens ist die Gestalt prismatisch (drei-, vier-, fünfseitig), bisweilen scheiben- oder cylinderförmig. Allen gemeinsam aber ist die Eigentümlichkeit, dass sie durchbohrt sind, und zwar die Prismen sämtlich der Länge nach parallel den beschriebenen Flächen, die Scheiben bisweilen auch durch die mit der Inschrift versehenen Flächen hindurch. Wegen der Ähnlichkeit mit den babylonischen und kyprischen Cylindern, bei denen die Längsdurchbohrung zur Aufnahme eines Stäbchens diente, mit dessen Hilfe der Cylinder als Siegel abgerollt werden konnte, bezeichnet auch Evans diese Prismen als Siegelsteine, obwohl von einem eigentlichen Abrollen hier wegen der prismatischen Gestalt nicht die Rede sein kann.

In sehr sorgfältiger Forschung sucht Evans dann das Alter dieser Steine und ihrer Inschriften zu bestimmen und gelangt zu dem Resultate, dass als obere Zeitgrenze etwa der Anfang des 3. Jahrtausends v. Chr., als untere der Anfang des 1. Jahr-

[1] Ausser dieser mit grossem Scharfsinn und ausgebreitetem archäologischem Wissen durchgeführten sehr sorgfältigen Darstellung hat derselbe Forscher über seine neuesten, im Frühjahre 1896 auf Kreta gemachten Funde in der „Academy“ 1896, Nr. 1258 und 1259 (vom 13. und 20. Juni), S. 488 und 512, zwei Berichte erscheinen lassen, die hochinteressante Einzelheiten enthalten, und deren schnelle Erlangung ich der besonderen Güte des Herrn Evans verdanke.

tausends v. Chr. anzusetzen sei. Was dann die Schriftzeichen selbst betrifft, so unterscheidet er zwischen Inschriften mit linearen und solchen mit figürlichen Schriftzeichen; doch ordnet er in seiner Publikation diejenigen Inschriften in einer Gruppe zusammen, welche die Zeichen einfach neben einander stellen, während diejenigen Inschriften, welche Menschen, Tiere u. s. w. einzeln und in Gruppen zeigen, die hier und da in der Form an lineare Zeichen erinnern oder mit einzelnen linearen Zeichen durchsetzt sind, in einer zweiten Reihe zusammengestellt sind. Evans sieht in diesen figürlichen Darstellungen die Vorstufe der linearen Zeichen; er meint, die linearen Zeichen ringen sich hier gewissermassen von der figürlichen Darstellung los, und deshalb erklärt er diese a. a. O. von S. 337 bis S. 345 abgebildeten Inschriften für älter als die vorausgehenden. Doch spricht er es selbst aus, dass vom rein archäologischen Standpunkte aus eigentlich kein deutlicher Unterschied zu finden sei, ja dass beide Arten vielfach in einander zu verfliessen scheinen. Nur durch das durchweg weiche Material, in dem diese figürlichen Inschriften ausgeführt sind, charakterisieren sie sich als einer älteren Periode zugehörig.

Indem Evans die Formen der Schriftzeichen mit andern gleichzeitigen oder der Zeit nach nahe liegenden Schriftformen vergleicht, stellt er mit hervorragendem Scharfsinn fest, dass Verwandtschaft der aegaeischen Schrift mit der ägyptischen, altsemitischen, babylonischen und kyprischen Schrift unleugbar vorhanden sei, ohne dass jedoch die erstere mit einer der letzteren identisch erscheine. Dennoch aber versucht er an einigen Zeichengruppen, die viel Ähnlichkeit mit kyprischen Silbenzeichen haben, eine Deutung des Lautwertes durch Einsetzen der kyprischen Lautbedeutungen, gelangt aber nur zu Silbengruppen, die keiner bekannten Sprache als Wörter angehören. Besonders deshalb spricht er die Ansicht aus, dass die Sprache der aegaeischen Inschriften eine unbekannte sei, vielleicht die der Eteokreter. Bestärkt wird er in dieser Meinung durch eine auf Kreta gefundene Inschrift in altertümlichen griechischen Buchstaben, die keine griechischen Wörter zu enthalten scheint. Indessen ist diese Inschrift durch Zerstörungen und Verwischungen so unklar, dass darauf allein gar keine Annahme gebaut werden kann; wenn man will, so kann man ebensogut auch griechische Wörter in ihr zusammensuchen, ja, einen vollständigen, und zwar überraschend guten, Sinn hineinbringen. Was aber die Sprache der Eteokreter anlangt, so wissen wir nichts darüber, und selbst wenn man annehmen will, dass die auf Kreta gefundenen Bilderinschriften in einer unbekannten eteokretischen Sprache geschrieben seien, so bleiben doch wieder die an anderen Orten aufgefundenen Inschriften desselben Schriftsystems rätselhaft, die dann noch andere Sprachen enthalten müssten. Dass ferner die Einsetzung der kyprischen Silbenzeichen keinen verständlichen Sinn ergiebt, ist eigentlich nach dem, was Evans vorher darüber entwickelt hat, als selbstverständlich zu erwarten, da er ja selbst die Identität der kyprischen und der aegaeischen Schrift leugnet.

Wenn also keine direkten Gründe anzuerkennen sind, weshalb die Sprache jener Inschriften nicht die griechische sein kann, so finden sich im Gegenteil Gründe, die für die Annahme sprechen, dass die ursprüngliche Sprache jener Inschriften gerade die griechische gewesen sei.

Zunächst will sich die weite Verstreuung der Inschriften des aegaeischen oder mykenischen Schriftsystems nicht recht mit der Annahme vertragen, dass in allen die Sprache eines engen Bezirks von Kreta herrschen sollte; nimmt man aber an, dass die Schriftart auf Kreta entstanden und dann für verschiedene Sprachen angewendet sei, so muss man mindestens die Möglichkeit offen lassen, dass auch griechische Inschriften jener Zeit in dieser Schrift geschrieben seien, was allerdings auch Evans thut. Dass etwa in Griechenland und sonst auf

dem griechischen Boden in jener Zeit eine andere Sprache gesprochen worden sei als die griechische, ist sehr unwahrscheinlich. Denn die homerischen Gedichte, deren Sprache sich von der späteren griechischen Sprache unterscheidet, weisen dadurch auf einen rückwärts liegenden sprachlichen Zusammenhang mit der sogenannten mykenischen Periode. Auch die zweifellosen Beziehungen auf frühere Nachrichten und Gedichte, die bis zu völliger Herübernahme von einzelnem gehen, sowie die durchaus griechische Form der Eigennamen der in den homerischen Gedichten genannten Griechen lassen für die Annahme einer nichtgriechischen Sprache der mykenischen Periode keinen Raum.

Da nun also nicht erwiesen werden kann, dass die Sprache der aegaeischen Inschriften nicht die griechische sei und im Gegenteil mehr Gründe gegen jene Annahme vorliegen, so ist es mindestens der Mühe wert, eine Probe zu machen, ob von griechischem Sprachboden aus eine Deutung jener Inschriften oder wenigstens eines Teiles derselben möglich ist. Dass ein solcher Deutungsversuch mit Hilfe der kyprischen Silbenzeichen nicht zum Ziele führen kann, ist schon daraus von vorn herein zu schliessen, dass die kyprischen Zeichen nur zum Teil mit den aegaeischen übereinstimmen, in vielen Punkten dagegen abweichen, so dass die kyprischen Zeichen für sich allein nicht ausreichen. Es bleibt also nur der eine Weg übrig, zu versuchen, ob die aegaeische Schrift auf griechischem Sprachboden für die griechische Sprache gebildet worden ist. Wenn dies der Fall ist, so haben wir in dem bekannten Prinzip der Bilderschriften[1]: — der Anlaut (oder die Anssilbe) der Bezeichnung des dargestellten Gegenstandes ist der Lautwert des Zeichens — ein Mittel, den Lautwert der hier in Frage kommenden Schriftzeichen zu erschliessen.

---

[1] So weit nämlich nicht Bilderschriften mit essentieller Bedeutung, sondern nur Lautbilderschriften in Frage kommen.

Da unter den von Evans a. a. O. abgebildeten Schriftzeichen eine nicht geringe Anzahl sich als erkennbare Bilder von Gegenständen verschiedener Art erweist, so wurde jener Versuch von mir unternommen, natürlich auf die Gefahr hin, dass er resultatlos blieb. Die in der obenerwähnten Weise gewonnenen Schriftzeichen mit ihrem Lautwerte ergaben nun aber griechische Lautgruppen, wo sie in den Inschriften auftraten, und mit ihrer Hilfe liessen sich auch die Werte der wenigen Schriftzeichen feststellen, deren bildliche Bedeutung unsicher war, weil sie schon lineare Gestalt hatten, und weil der Gegenstand, dessen Bild sie andeutungsweise wiedergaben, nicht mehr von vornherein in ihnen zu erkennen war. Die Leseversuche ergaben eine Zeichenreihe, die ich in der nebenstehenden Tabelle 1 zusammenstelle, und zwar der Bequemlichkeit halber so, dass ich dem voranstehenden griechischen Alphabetbuchstaben die diesem Laute zugehörige vorphönizische Bezeichnung in verschiedenen Entwickelungsformen folgen lasse, wie ich sie in Inschriften gefunden habe.

Bemerkungen zu Tab. 1.

Zu A. Ausser den beiden angeführten Grundformen kommt in einer eng begrenzten Gruppe von Inschriften noch eine dritte vor, die aber sich gar nicht linear entwickelt zu haben scheint, nämlich der ἀμφορεύς. Da die hier behandelten Inschriften dieses Zeichen für A nicht kennen, so ist es nicht in die Tabelle der Lautzeichen aufgenommen worden.

Zu B. Nur um dieses Lautzeichen nicht ganz zu übergehen, ist der Doppelschild hier mit aufgeführt, der in einem Falle als Schild eines Idols erscheint, sonst überhaupt durch den Rand eines tiefgekerbten Schildes angedeutet wird. Ich habe das Zeichen für B im ganzen nur dreimal gefunden; in

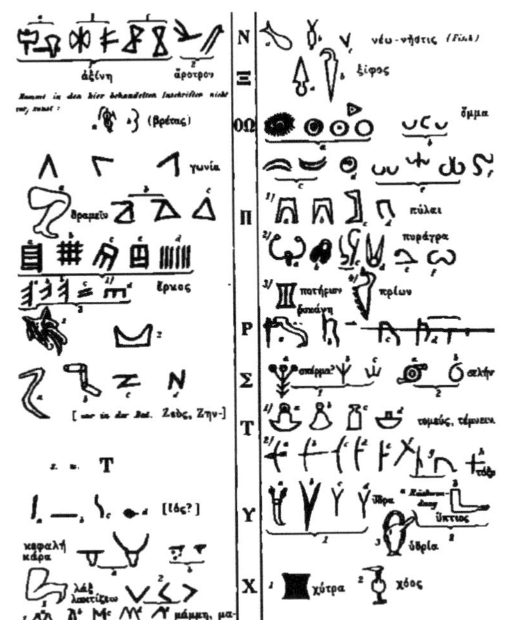

ἀξίνη
ἄροτρον
(βρέτας)
γωνία
δραμεῖν
ἕρκος
Ζεύς, Ζην-
[ἴδς?]
κεφαλή
κάρα
λάξ
λακτίζειν
μάμμη, μα-
N
νέω-νήστις (Fisch)
Ξ
ξίφος
ΟΩ
ὄμμα
Π
πύλαι
πυράγρα
ποτήριον
πρίων
P
Σ
σπέρμα?
σελήνη
T
τομεύς, τέμνειν
Y
ὕδρα
ὕπτιος
ὑδρία
X
χύτρα
χόος

den Inschriften, mit denen sich vorliegende Untersuchung befasst, erscheint es überhaupt nicht.

Zu H, E. Wie in der älteren griechischen Alphabetschrift werden auch in der alten mykenischen Schrift die Laute η und ε vielfach nicht unterschieden; doch stehen die unter E, aufgeführten Zeichen gewöhnlich (aber nicht immer) für ε. Die zu H, gehörigen Zeichen werden bisweilen auch für den Hauchlaut als Anlaut verwendet, während meistens der anlautende Asper vernachlässigt wird, ähnlich wie in der älteren Alphabetschrift.

Da, wie dialektische Formen beweisen, ἔρμος ursprünglich als Anlaut Digamma hatte, so ist anzunehmen, dass an dem Zeichen, welches den Lautwert des Anlautes von ἔρμος besass, auch ursprünglich das Digamma in ähnlicher Weise haftete wie nachher der Hauchlaut. Da aber nicht ohne weiteres festzustellen ist, in welchen Fällen Alter und Herkunft der einzelnen Inschriften das Einsetzen des Digammas rechtfertigen würden, so habe ich das Digamma nirgends eingesetzt und nur in Anmerkungen darauf hingewiesen. Dadurch hat dann freilich die Sprache der Inschriften ein jüngeres Aussehen erhalten, als es diesen in manchen Fällen offenbar eigentlich zukommen würde.[1]

Für den Hauchlaut vor O-Laut erscheint einigemal noch ein anderes Zeichen: ein aufgesperrter Rachen (1) oder Mund (2), offenbar als andeutende Geste für das Ausstossen des Hauches. Hin und wieder haftet an dem zweiten Zeichen (Mund) ausser dem Hauche der O-Laut; vermutlich wegen der Ähnlichkeit der Gestalt mit O_{γ}.

Zu Z. Dass dieses Zeichen nur in der Bedeutung Ζεύς vorkommt, erklärt sich vielleicht so, dass es ursprüng-

---

[1] Nach dem Schlusse des Manuskripts habe ich durch eine Reihe von Inschriften den Beweis erhalten, dass das Zeichen für H und E (in mehreren Entwickelungsformen) sicher auch mit dem Lautwerte Ϝ gebraucht worden ist.

lich gar nicht den späteren Laut Ζ bezeichnet, sondern eine lineare Form für $Δ_2$ ist und Δι— bedeutet, welches der Anlaut der älteren Namensform war, die später in die Form Ζεύς überging; das Zeichen wäre also gewissermassen als Ideogramm für den Gott zu betrachten, der später Ζεύς hiess.

Zu Θ. Die Aspirate des T-Lautes wird stets durch das Zeichen der Tenuis ausgedrückt.

Zu Ο und Ω. Ähnlich wie bei dem langen und kurzen E-Laute wird auch bei dem O-Laute verfahren, indem vielfach die Länge oder Kürze des Lautes nicht im Zeichen ausgedrückt wird. Doch wird andererseits auch häufig Ω durch Verdoppelung des Zeichens für Ο bezeichnet und zwar in einer Reihe verschiedener Ligaturen, wie sie den Hauptformen nach in der Tabelle unter $Ο_2$—$Ο_7$ dargestellt sind.

Zu Π. Bei der zweiten Form dieses Zeichens tritt eine Eigentümlichkeit auf, die auch bei den Zeichen für Μ und Τ zu bemerken ist: für das symmetrisch doppelte Zeichen erscheint oft als Abkürzung nur die eine Hälfte.

Zu Σ. Ob das Zeichen für $Σ_1$ von Samenkapseln auf dem Stiele hergenommen ist, lässt sich nicht mit Gewissheit behaupten. Dies Zeichen ist nämlich Gemeingut mehrerer alter Schriftsysteme, und es ist sehr leicht möglich, dass die mykenische Schrift es einfach etwa dem ägyptischen Schriftsysteme entlehnt hat.

Zu Υ. Die verbreitetste Anwendung hat das Zeichen $Υ_1$ gefunden, offenbar schon deshalb, weil $Υ_2$ einer linearen Gestaltung nicht wohl fähig ist, wenn das Charakteristische desselben nicht verwischt werden soll. $Υ_3$ kommt nur vereinzelt vor. $Υ_2$ deutet den Begriff ὕπτιος an; deshalb erscheint zu diesem Zwecke teils die Rückwendung oder Rückbeugung, teils die Hand in der Stellung, die durch das Adjektiv ὕπτιος bezeichnet wird.

Zu Φ. Ein Zeichen für Φ ist das Tragehols (φέρετρον), zur besonderen Charakteristik öfter mit Amphoren oder Schläuchen behängt  oder  Da dies Zeichen aber in den Inschriften, die hierunter besprochen werden, nicht erscheint, so begnüge ich mich mit dessen Aufführung in diesen Bemerkungen, ohne es in die Tabelle einzufügen.

Zu Ψ. Für diesen Doppelkonsonanten giebt es in dem mykenischen Schriftsystem kein besonderes Zeichen; er wird durch die Zeichen für Π und Σ dargestellt.

Ein Teil dieser Schriftzeichen kann auch ganze Silben bedeuten; ausserdem sind einige Zeichen vorhanden, die überhaupt nur als Silbenzeichen dienen. Im folgenden habe ich beide Arten zusammengestellt und je ein Zeichen für die Diphthonge αι und ει hinzugefügt. Das Zeichen für αι kommt nur ganz selten vor, während ει ziemlich häufig durch das Zeichen des Pfeiles ausgedrückt wird. In den bei weitem meisten Fällen wird die Bezeichnung beider Diphthonge durch die Zeichen für α und ι, resp. ε und ι bewirkt.

Ausser den angeführten kommen einige Silbenzeichen vor, die in dem mir bisher bekannt gewordenen Inschriftenmaterial nur einmal auftreten. Ich halte es für zweckmässiger, diese bei Besprechung der Inschriften, in denen sie erscheinen, zu erörtern.

Eine Erschwerung der Lesung der mykenischen Inschriften entsteht durch eine Eigenart der Verwendung, die allerdings dem Wesen nach auch bei anderen Schriftarten, selbst bei der späteren griechischen Alphabetschrift sich findet, aber dem Grade nach bei der mykenischen Schrift besonders stark ausgebildet ist; dies ist die Neigung, Ligaturen, Verbindungen

Tab. 2. Silbenzeichen.

Lautwert.	Mykenische Schriftzeichen.
AI	αἰδοῖον
OI	διστός
ΕΛΑΦΟ	ἔλαφος
ΔΕ	δένδρον
ΕΡΙ oder: TRA ΓΟ	ἔριφος | τράγος |
ΠΡΙΩ	πρίων
ΠΟΛΕΜΙΟ	πόλεμιος
ΑΞΙ	ἀξίνη

mehrerer Zeichen zu einer Zeichengruppe zu bilden.[1] Da je nach Gelegenheit und Geschmack der Schreibenden diese Ligaturen wechseln, so scheinen bisweilen ganz neue Zeichen auf-

[1] Die bei Perrot-Chipiez, Histoire de l'art dans l'antiquité, V, S. 98 Anm. citierte Ansicht, dass Ligaturenbildung den Verfall eines Schriftsystems bezeichnen und nur bei alten Schriftsystemen vorkomme, beruht

zutreten, bis sich zeigt, dass es sich nur um eine Zusammensetzung der regelmässigen Schriftzeichen handelt. Besonders geeignet für derartige Ligaturen sind die Zeichen für H und E, für N, O, I, da sie mannigfache Möglichkeit des Anschmiegens an andere Zeichen gewähren. So wird z. B. die Silbe TO unter anderem so ausgedrückt:

oder ; HΩ = ; NO und ON = ; EA = ;
HE =

Vorzüglich in der rein linear entwickelten Schrift treten mannigfache Manieren des Zusammensetzens auf. So erscheint OI bald als , bald als , bald als . Es ist unthunlich, alle Ligaturformen zusammenzustellen; denn wenn man auch aus dem vorhandenen Inschriftenmaterial alle Arten feststellen wollte, so bliebe doch mit Sicherheit zu erwarten, dass die erste neu aufgefundene Inschrift wieder eine noch nicht vorhandene Abart der einen oder anderen Ligatur aufwiese. Eine solche Aufstellung würde aber auch nur einen sehr bedingten Wert haben, da bei einiger Übung des Lesens sich meistens ohne besondere Schwierigkeit die Bestandteile der Zusammensetzungen erkennen lassen, wo nicht durch dekorative Ausgestaltung der Schriftzeichen oder durch ähnliche Gründe die Erkennung erschwert wird. Es erscheint deshalb praktischer, in jedem Falle, wo Ligaturen auftreten, die Auflösung vorzu-

gewiss auf einer an sich sehr richtigen Beobachtung, ist aber in dieser Allgemeinheit ebenso sicher unrichtig. Beweis ist schon die in altertümlichen griechischen Alphabetbuchstaben geschriebene, schon oben erwähnte Inschrift von Praesos (Evans, Journal of Hellenic Studies, XIV, 2, 94, S. 354 fg.), die mehrfach Ligaturen zeigt, wie auch Evans a. a. O. hervorhebt. Da Kreta ein Hauptsitz der alten mykenischen Schrift war, so lässt sich die erwähnte Erscheinung vielleicht gerade auf die alte Gewohnheit des Ligaturgebrauches zurückführen, die der mykenischen Schrift eigen war und auf die ältesten Inschriften des griechischen Alphabets dort übertragen wurde.

führen. Die Erwähnung der Eigentümlichkeit, Ligaturen zu bilden, und des Charakteristischen dieser Verbindungen war aber an dieser Stelle notwendig, weil ihre Kenntnis zu der Beurteilung des Verhältnisses der kyprischen Silbenzeichen zu den mykenischen Schriftzeichen von Wichtigkeit ist.

Die Verwandtschaft einer Anzahl von Zeichen des kyprischen Syllabars mit mykenischen Zeichen ist so gross, dass Evans sogar versuchte, mit Hilfe jener Silbenschrift diese neu aufgefundene Schrift zu lesen. Vergleicht man das kyprische Syllabar mit der oben vorgeführten Zeichenreihe, so tritt bei einer Anzahl der Silbenzeichen sofort deutlich hervor, dass sie als Ligaturen mykenischer Zeichen aufgefasst genau den Lautwert der betreffenden kyprischen Zeichen haben würden. Man darf hierbei allerdings nicht ausser Augen lassen, dass die kyprische Schrift die drei Arten der Mutae (Aspirata, Media, Tenuis) nicht unterscheidet. Mit Berücksichtigung dieser Eigentümlichkeit, die vermutlich dadurch veranlasst wurde, dass diese Silbenschrift ursprünglich für eine nichtgriechische Sprache ausgebildet wurde, und mit Beachtung einer im kyprischen Syllabar oft bemerkbaren Neigung, geradlinige Formen zu bilden, wird man in den auf Tab. 3 enthaltenen Zeichen beider Schriftarten eine vielfach geradezu schlagende Übereinstimmung finden.

Während in den meisten der angeführten Fälle eine sehr grosse Übereinstimmung zwischen den kyprischen Silbenzeichen und mykenischen Ligaturen oder Einzelzeichen vorhanden ist, haben andere Zeichen der kyprischen Schrift sich ganz anders entwickelt, so dass der Zusammenhang beider Schriftarten sich nur auf dem Umwege bedeutender Umbildungen erkennen lässt. Ja, in einem Falle hat ein und dieselbe Form in beiden Schriften durchaus verschiedenen Lautwert, während sich verfolgen lässt, wie in jeder Schrift der Lautwert und die Form zusammenhängen. Dieser Vorgang hat bei dem Zeichen [Zeichen] stattgefunden. In der mykenischen Schrift ist diese Ligatur

Tab. 1.

kyprisch.	mykenisch.
go ko kho	= γ = ο Lig. oder
bo po pho	= π = ο Lig.
da ta tha	= τ*
de te the	= τ = ε Lig.
di ti thi	= τ = ι Lig.
do to tho	= τ = ο Lig.; = τ = ο Lig. oder
le	= λ = ε [η] Lig.
li	= λ = ι Lig.
lo	= λ = ο Lig.
ma	= μ*
me	= μ = ι Lig.
mi	= μ = ι Lig.
mo	= μο eckige Lig.; = μ
my	= μ = υ Lig. , eckig
no	= ν = ο = νο
ra	= ρ*
re	= ρ = ε Lig.
ri	= ρ = ι Lig.
sa	= σ [illegible]
si	= σ = ι Lig.
a, ja	[ ] = α; = ι*
e	= ι [η]
ō	= ω
y	= υ

* Anm. Der A-Laut als Grundlaut haftet den Consonanten [illegible]

aus O und Λ (ο und υ) entstanden und bedeutet demnach vo und ου; in der kyprischen Schrift ist es aus Ω r [ο] und ⌒, dem mykenischen Zeichen für ο entstanden und heisst daher vo. Hervorgerufen ist dies besonders durch die eigenartige Umbildung des mykenischen ʃ] in Ω. Bei den Umgestaltungen, welche die alten mykenischen Zeichenformen auf kyprischem Boden erfuhren, scheint vorzüglich Rücksicht auf bequemeres Schreiben massgebend gewesen zu sein, und dies, wie besonders auch das Festhalten einer Ligaturform (höchstens zweier Formen) gegenüber der bunten Mannigfaltigkeit der mykenischen Ligaturen bildet den Hauptfortschritt, der mit der Entwickelung der kyprischen Silbenschrift gemacht wird; und dieser Fortschritt ist prinzipiell mehr wert als der Rückschritt, der darin liegt, dass die Consonanten nur als Silbenanlaut dargestellt werden können, und dass Tenuis, Media, Aspirata nicht unterschieden werden. Das Prinzip dieses Fortschrittes auf die Lautschrift angewendet führt zum alphabetischen Schriftsystem.[1]

Mögen nun die kyprischen Silbenzeichen zum grossen Teile aus den mykenischen Zeichen direkt sich entwickelt haben oder mag der Zusammenhang ein komplizierterer sein, das eine geht aus der oben nachgewiesenen vielfachen Übereinstimmung hervor, dass der Lautwert, den wir unter Voraussetzung der Entstehung des mykenischen Systems aus griechischem Sprach-

[1] Vgl. hierzu Evans a. a. O. S. 351, der ebenfalls eine Ableitung des kyprischen Syllabars von der mykenischen Schrift annimmt. Er schliesst daraus freilich auf den nichtgriechischen Charakter des Originals, weil das kyprische Syllabar sich der griechischen Sprache so schlecht anpasst. Wie wir indessen oben sahen, erscheint diese Thatsache sehr natürlich und mit der Annahme des griechischen Charakters der mykenischen Schrift wohl vereinbar, wenn wir bedenken, dass die nichtgriechischen Kyprioten das Syllabar nach den Lautverhältnissen ihrer Sprache einrichteten, so dass es nachher zu der griechischen Sprache nicht recht passen wollte. Besonders ist es gerade der Charakter der Silbenschrift mit stets anlautendem Consonanten, der diese Schrift für das Griechische unhandlich macht.

boden den mykenischen Zeichen beigelegt haben, sich als zutreffend erweist. Zu dem gleichen Resultate führt eine Vergleichung der mykenischen Zeichen mit der späteren griechischen, von den Phöniziern entnommenen Alphabetschrift. In der umstehenden Tabelle 4 sind die rein linearen Formen der mykenischen Zeichen mit denen altgriechischer Buchstaben zusammengestellt.

Die in beinahe allen Punkten fast bis zur Gleichheit gehende Ähnlichkeit zwischen den Formen der Zeichen beider Systeme zeigt, dass Evans richtig vermutet, wenn er glaubt, dass die spätere griechische Alphabetschrift eigentlich den Griechen von den Phöniziern nur zurückgebracht sei.[1] Er meint, die Phönizier hätten die mykenischen Zeichen übernommen, zu einem alphabetischen System gemacht und dieses dann den Griechen als etwas Neues überliefert. Der grosse Fortschritt gegenüber der alten mykenischen Schrift besteht unleugbar darin, dass bestimmte Formen festgehalten werden, während die alte Schrift eine Unzahl von verwandten Nebenformen zuliess. Übrigens haben die Griechen auch in Hinsicht auf die alphabetische Schrift ihrem Hange zur Ungebundenheit und freieren Formgebung nachgegeben, da sie auch später sogar neben einander eine Reihe von Varianten der Buchstabenformen benutzten.

Nachdem wir so die Übereinstimmung der altmykenischen oder aegaeischen Zeichen und ihres Lautwertes mit den kyprischen Silbenzeichen, andrerseits ihrer Form mit den späteren griechischen Buchstaben gleichen Lautwerts des alphabetischen Systems festgestellt haben, schreiten wir nun dazu, durch An-

[1] Auch die Alphabete der Phrygier und Karier stimmen in ähnlicher Weise mit der mykenischen Zeichenreihe überein, und es ist demnach anzunehmen, dass das von mehreren Forschern vermutete „asiatische“ Alphabet, welches man als Quelle jener Alphabete ansieht, entweder mit dem mykenischen Schriftsystem identisch ist, oder direkt auf dasselbe zurückgeht. Vgl. Perrot-Chipiez, Histoire de l'art dans l'antiquité, V, S. 8 und 350.

Tab. 1.

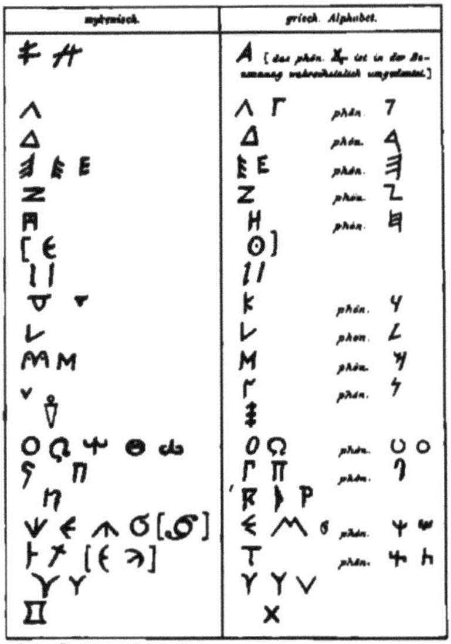

mykenisch.	griech. Alphabet.		
[illegible]	A [das phön. [illegible] ist in der Benennung wahrscheinlich umgestaltet.]		
Λ	Λ Γ	phön.	7
Δ	Δ	phön.	[illegible]
[illegible] E	E	phön.	[illegible]
Z	Z	phön.	[illegible]
[illegible]	H	phön.	[illegible]
[[illegible]	Θ]		
ǀ ǀ	ǀ ǀ		
[illegible]	K	phön.	[illegible]
[illegible]	[illegible]	phön.	[illegible]
M M	M	phön.	[illegible]
[illegible]	[illegible]	phön.	[illegible]
	[illegible]		
O Ω [illegible]	O Ω	phön.	O O
[illegible] Π	Γ Π	phön.	[illegible]
[illegible]	[illegible] P		
[illegible]	[illegible] σ	phön.	[illegible]
[illegible]	T	phön.	[illegible]
Y Y	Y Y V		
[illegible]	X		

¹ Anm. Vgl. Schliemann, Mykenae, S. 179.

wendung der Zeichenreihe auf die in diesen Zeichen geschriebenen Inschriften zu zeigen, dass dieselben Zeichen stets mit dem ihnen untergelegten Lautwerte griechische Wörter und Sätze mit angemessenem Sinne ergeben.

I. Inschriften mit deutlich erkennbarem Schriftcharakter und schriftartig an einander gereihten Zeichen.

Fig. 1a.

Fig. 1b.

Fig. 1c.

Anm. Evans, Journal of Hellenic Studies, S. [illegible], Fig. [illegible]

Die Inschrift beginnt mit Fig. 1b und zwar links, da hier das erste Zeichen den Rand des Feldes berührt, ein Zeichen des Anfanges, das wir in der Folge sehr häufig finden werden.

Das erste Zeichen ist H_{1a}[1]; rechts daneben Δ_a, die kleinen Zeichen dienen zur Raumfüllung und zur Sonderung der Schrift-

[1] Die Buchstaben und Zahlen beziehen sich hier und fernerhin auf die Lautwerte und Zeichenformen der Zeichentabelle (Tab. 1).

zeichen. Die beiden Zeichen dieses Feldes haben also den Lautwert: HΛ.

Das Lesezeichen rechts oben deutet nach der daneben (darüber) stehenden Fig. 1[a], und zwar auf das rechts stehende Zeichen, so dass dieses Feld nach links, die ganze Inschrift somit bustrophedon zu lesen ist. Das Zeichen ist, wie wir schon oben sahen, eine Ligatur von O (O_4) und V (N_4) = ON oder ΩN; links daneben T_{15}; daneben das Diphthongzeichen für AI. Also zusammen ONTAI oder ΩNTAI.

Fig. 1[a] erscheint zunächst nur als ein Ornament; doch ist wahrscheinlich die Palmette nur eine Verhüllung von H_4 und die zwei gekrümmten Zeichen in der Mitte ein zweifaches O_3 (= $Ω_3$), so dass dann auch dieses Feld eine Inschrift hätte mit dem Lautwerte HΩ.

Die ganze Inschrift lautet: HΛONTAI HΩ = ἥδονται ἠῶ, also wohl eine Weihung von Personen, die von der Gottheit, die hier nicht genannt ist[1], Freude erbitten. Der Zusatz ἠῶ wird uns in andern Inschriften, die Wünsche oder auch Flüche enthalten, noch öfter begegnen und scheint in beiden Bedeutungen, die er sprachlich haben kann, angewendet zu sein: gleich am Morgen, also so bald als möglich, und den ganzen Tag, d. h. immer, dauernd. Hier würden beide Bedeutungen Sinn geben.[2]

Die Inschrift S. 19 beginnt in Fig. 2[a] rechts, wo der Wolfskopf aus dem Rande hervorwächst. Dieses Zeichen ist $Hauchlaut_1$; das stark hervortretende Auge bedeutet O_{23}, das mit dem Hauchlaute hier in Ligatur steht: 'O; links daneben H_{14} in Ligatur

[1] Hier, wie sehr häufig, fehlt der Name der Gottheit, der die Weihung gilt; dies erklärt sich daraus, dass das Heiligtum, in dem die Weihung deponiert wurde, für den Weihenden die Person der Gottheit schon ausreichend bezeichnete.

[2] Doch ist zu bemerken, dass dieses HO auch ϜO oder ϜΩ bedeuten kann mit der Bedeutung ἦ = τοίνυν oder ὧδε, oder im Sinne von ἴδε. Vergl. R. Meister, Die griechischen Dialekte, I, S. 104 fg., 169; II, S. 242.

mit Σ_{14} und O_7; das letzte Zeichen der Zeile ist T_{15}; das kleine Kreuz links daneben deutet, wie öfter, an, dass das Wort in der nächsten Zeile weiter geht. Also Fig. 2[a] = 'OHΩΣ T—.

Fig. 2a.

Fig. 2b.

Fig. 2c.

Aus: Evans, Journal of Hellenic Studies, S. 291, Fig. 23.

Die nächste Zeile beginnt links, was nach der Bustrophedonschreibung zu erwarten ist und durch die Berührung des Randes noch bekräftigt wird. Das erste Zeichen ist A_{13}, aber in Ligatur mit ∋, Abart von E_{23} und E_{24}; rechts daneben oben Σ_{13}, darunter Diphthongzeichen für OI, rechts darüber T_{14}, in Ligatur mit ((O_3), rechts unten Silbenzeichen für EA, darüber H_{14}; das Stäbchen mit Kugeln an den Enden (hier auch mit einer Kugel in der Mitte) ist ein Abkürzungszeichen, welches sich nicht selten findet. Also Fig. 2[b] ΕΑΣΟΙΤΟΕΑΗ.

Fig. 2[c] muss nach Massgabe der bustrophedon gehenden Schrift rechts beginnen. Das erste Zeichen ist eine Ligatur von zwei O_6 mit I_6 = OIO; links daneben P_4; das Kreuz darunter bedeutet (ähnlich wie schon in Fig. 2[a]) engen Anschluss an das folgende Zeichen: T_{16}; dann wieder die Ligatur für OIO. Also Fig. 2ᵃ = OIOPTOIO.

Die ganze Inschrift ergiebt: 'OIIΩΣ T | EAΣOITO EAIL ; OI OPTOIO = ὅπως τεύξεται ἐλπ. ἴδα εἰ ὀρθῶς, also eine Weihung, um Hoffnung auf günstige Lage zu erflehen (oder um Hoffnung auf Geburt eines echten Sohnes).

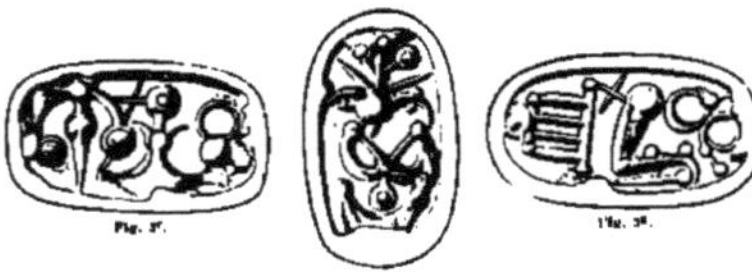

Fig. 3ᶜ. Fig. 3ᵃ.

Fig. 3ᵇ.

Aus: Evans, Journal of Hellenic Studies, S. 291, Fig. 2ᵃ.

Beginn der Inschrift in Fig. 3ᵇ unten. Das erste Zeichen ist Hauchlaut $_{2}$, darüber O_{4}, darüber II_{26}, darüber ⌒⌒ (O_{4}), darüber Σ_{16}; also 'OIIΩΣ.

Fortsetzung Fig. 3ᵃ, links beginnend: H_{16}, durch das Kreuz eng mit dem oberen Teile des nächsten Zeichens verbunden, der zu einer Form von O_{4} ausgestaltet ist. Das Bein ist A_{11}, im Knie, an Wade und Ferse je ein O_{4} in Ligatur mit I_{6}; der Fuss bildet O_{6}. So ergiebt also dieses zweite Zeichen eine umfangreiche Ligatur: O OΛOIOIO. Das nadelartige Zeichen darunter giebt wahrscheinlich nur die Richtung des Lesens an (wohin der Knopf weist). Von den beiden noch übrigen Zeichen scheint das unterste, also nächste, Σ_{2} darzustellen; das andere ist O_{4}. Fig. 3ᵃ = IIO OΛOIOIO ΣO—.

Fig. 3ᶜ beginnt links, wie der Sinn ergiebt. Das erste Zeichen ist OI, das zweite durch das Kreuz eng damit verbundene ist T_{16}, das letzte O_{4}. Ob an der Bruchstelle darunter

ein Zeichen weggebrochen ist, lässt sich nicht ersehen, ist aber dem Sinne nach unwahrscheinlich. Also Fig. 3ᶜ = OITO.

Die ganze Inschrift heisst daher:

'OIIΩΣ ¦ HO OΛOIOIO ΣO ¦ OITO = ὅπως ἡμῶ[1] ὀλεσίας σέοιτο: eine Bitte um Errettung aus dem Unheil (σέω später im Präsens nicht gebräuchliche Nebenform zu σώζω).

Fig. 4ᶜ. Fig. 4ᵃ.

Fig. 4ᵇ.

Aus: Evans, Journal of Hellenic Studies, S. 293, Fig. 24.

Dem Sinne nach beginnt die Inschrift mit Fig. 4ᵇ. Die hängenden Stücke Wild ergeben sich bei näherer Betrachtung sogleich als Verhüllung zweier Zeichen: rechts ⸗ (E_{29}), links Y (Y_{1}) = EY—.

Fortsetzung in Fig. 4ᵃ rechts. Der Vogelkopf ist ganz unverkennbar der Kopf einer Gans und stellt ein nur hier auftretendes Silbenzeichen dar: XHN. Das kleine Zeichen darüber hat nur den Zweck, den Leser nach links zu weisen, das grössere unter dem Gänsekopfe scheint dem Abkürzungszeichen gleich zu sein und zu bedeuten, dass nicht bloss der Anlaut, sondern die Silbe zu lesen ist, also eine kompendiarische Schreibung vorliegt. Links neben dem Gänsekopf sehen wir H_{18}, links daneben eine Pfeilspitze, also OI; die den rechten Widerhaken schneidende Doppellinie ergiebt E_{24}, der Kreis links daneben und in der Spitze des Pfeiles je ein O_{4}; das Kreuz am Ende der Linie weist auf enge Verbindung mit dem folgenden. Daher Fig. 4ᵃ: XHNHOIEΩ.

[1] Oder Fé, für das Pronomen der dritten Person = er.

Fig. 4ᵃ zeigt als hervortretendstes Zeichen scheinbar ein N; es ist aber Z_{a}; am oberen Winkel eine kleine Gabel: N_{r}. Links daneben, also am Anfang der Zeile, finden wir eine komplizierte Ligatur: aus dem Rande wächst ein O_{n}, welches an dem seiner Natur nach ziemlich unklaren Gegenstande rechts daneben eng anliegt, so dass die Hauptlinien das Schema T_{b} bilden. Der Gegenstand selbst löst sich oben und unten in eine Verkleidung von je einem I_{e} auf, von denen eines zu dem erwähnten Z, das andere zu dem aus dem Rande wachsenden O_{n} gehört, so dass die bisher erwähnten Zeichen ergeben TOIZHNI. Der umgewendete Ochsenkopf unten ergiebt Y_{b}. Das Zeichen rechts stellt wieder eine ziemlich komplizierte Ligatur dar; rechts ist ∠ (also N_{e}) zu sehen, unten wieder die schon oben vorkommende Verkleidung von I_{e}, in der Mitte O_{n}, oben Λ, also N_{e}. Daher heisst die Ligatur zusammen mit dem vorher erwähnten Zeichen YION; Fig. 4ᵃ = TOIZHNI YION. Der obere Ochsenkopf bildet durch sein rechtes Horn mit dem rechten Teile des Z die Form N_{r}, auf der Stirn trägt er O_{n} = NO. Mit der kleinen Gabel am oberen linken Winkel des Z_{a} = N_{e} und dem linken Horne = I_{b} ergiebt dies NOIN.

Die ganze Inschrift ist also folgende: EY | XHN HOIEΩ | TOIZHNI YION NOIN = εὐχὴ παίδω τῷ Ζηνί. υἱὸν υἱόν, also Bitte eines Ehepaares um Geburt eines Sohnes.

Fig. 5ᵃ.

Fig. 5ᵇ.

Fig. 5ᶜ.

Aus: Evans, Journal of Hellenic Studies, S. 298, Fig. 27.

Die Inschrift (Fig. 5) hat äusserlich kein Zeichen des Anfangs, und wie der Sinn ergiebt, ist es ziemlich gleichgültig, wo wir zu lesen beginnen. Verlegen wir den Anfang nach dem bei Evans links stehenden Felde, so finden wir eine ornamentale Ver-

schlingung von einem pfeilförmigen Zeichen (OI) und , einer Ligatur von O_{b} und I_{e}; die gesamten Zeichen ergeben also OIOI.

Das mittlere Feld enthält ein Zeichen, das einem ornamental gestalteten N ähnlich sieht, in Wirklichkeit aber eine dekorative Gestaltung von Z_{a} darstellt.

Das rechts befindliche Feld zeigt in der Mitte eine Ligatur von ϒ[1] (Y_{14}) und [2] (E_{4a}) = EY. Die beiden Sterne rechts und links von dieser Ligatur bedeuten wahrscheinlich weiter nichts als an anderen Stellen Punkte oder Kreise, die rechts und links von Abkürzungen oder einzelnen Schriftzeichen stehen, also zur dekorativen Raumfüllung und Hervorhebung.

Die Inschrift würde also lauten: OIOI | Z. | EY. = οἴῳ Ζ.[ηνὶ] εὐ[χή].[3]

Fig. 6ᵃ. Fig. 6ᵇ. Fig. 6ᶜ.
Aus: Evans, Journal of Hellenic Studies, S. 299, Fig. 28.

Wir lassen die Lesung von dem rechten Felde Fig. 6ᶜ beginnen; ein Zeichen des Anfangs ist nicht zu erkennen.

Das ganze Feld ist von dem Silbenzeichen für EA ausgefüllt, welches aber noch einige andere kleinere Zeichen trägt. Zwischen der ersten und zweiten Sprosse von oben links ist auf der innern Seite das Zeichen (Y_{1c}) und an der Spitze der ersten Sprosse links unten das Zeichen (Σ_{1b}) angebracht.

[1] Der obere Teil!

[2] Der untere Teil!

[3] Die Wendung εὐχὴ mit Dat. (mit und ohne παιδός) findet sich bekanntlich auch in späteren Weihungs- und Bittformeln, z. B. in kyprischen; vgl. Ohnefalsch-Richter, Kypros, die Bibel und Homer, I, S. 4 fg.

Das Silbenzeichen hat hier offenbar die vollere Bedeutung des ganzen Nominalstammes: ΕΛΑΦΟ; dazu tritt Υ und Σ, also: ΕΛΑΦΟΥΣ.

Das daneben befindliche Feld Fig. 6[b] beginnt rechts mit einer Ligatur von] (H_{15}) und ≠ (E_{20}): links folgt M_{15}; am linken Ende steht H_{14}; also: ΗΕΜΗ.

Das linke Feld Fig. 6[a] erinnert zunächst an die zweite Bezeichnung des Lautes Σ (Σ_{70}); dennoch deutet der mittlere Teil zu offenbar auf O_{20}, so dass man in dem Gesamtzeichen eine Ligatur von O_{8} mit (rechts) Σ_{15} und (links) N_{6} zu sehen hat. Es ist als dekoratives Moment die Form des Hirschgeweihes hier wie in *b* angewendet, so dass in diesem Falle der Charakter der formellen Darstellung mit dem Inhalte der Inschrift übereinstimmt. Denn die ganze Inschrift bedeutet:

ΕΛΑΦΟΥΣ | ΗΕΜΗ | ΣΟΝ =

ἐλάφους πέμψον. Wir haben hier offenbar die Weihung eines Jägers, der gute Jagdbeute wünscht.

Fig. 7a.

Fig. 7b.

Fig. 7c.

Fig. 7d.

Aus: Evans, Journal of Hellenic Studies, S. 294, Fig. 27

Beginn der Inschrift Fig. 7[d] oben; dann bustrophedon durch die vier Felder hindurch. Das oberste Zeichen ist eine Ligatur von [Zeichen] (Y_{14}) und O_{20}, heisst also ΟΥ. Das nächste Zeichen ist seiner Natur nach schwer erkennbar. Es hat mit keinem der in der Tabelle enthaltenen Zeichen eine hinreichende

Ähnlichkeit. Nach vielfachem Betrachten bin ich zu der Ansicht gelangt, dass es ein in die Fettlage gewickelter Schenkelknochen ist, wozu sowohl der links herausragende Teil passt, der einem Knochenkopfe sehr gleich sieht, als auch die unregelmässig weichen Umrisse des cylinderförmigen Stückes. Das Zeichen wäre dann ein singulär erscheinendes Silbenzeichen für ΜΗ (μηρίον). Auch das darunter befindliche Zeichen scheint aus Teilen eines Tieres zu bestehen und erinnert ebenfalls an Opfer. Da aber die wahre Natur des dargestellten Gegenstandes hier auf keine Weise zu eruieren ist, so halte ich das ganze nur für Verhüllung eines linearen Zeichens. Die Umrisse ergeben etwa ⊓, also H_{15}. Aber auch die bogenförmige Linie darüber ist nicht zu übersehen; sie ist T_{26}, und ebenso ist die kreisförmige Rundung am oberen Ende der rechten Hälfte des zweifelhaften Gegenstandes zu berücksichtigen, welche O_{8} darstellt. Daher heisst das dritte Zeichen ΤΟΗ. Darunter steht O_{2}; der Winkel, zwischen dessen Schenkeln dieses Zeichen schwebt, scheint N_{9} zu sein; das verstümmelte Zeichen am unteren Ende muss fraglich bleiben, kann aber ursprünglich eine Form von E gewesen sein = [Zeichen]. Das Feld enthält also die Silben: ΟΥ ΜΗΤΟΗΟΝ Ε (?) —.

Das nächste Feld Fig. 7[c] beginnt unten mit zwei Zeichen, von denen das links stehende eine Ligatur von ʅ und Λ in dekorativer Ausgestaltung ist, also ΝΙ bedeutet. Von dem daneben sichtbaren Kopfe legt sich das Horn eng an das Zeichen für I, und deutet darauf, dass es gleich nach jenem gelesen werden soll. Es ist eine Verhüllung von ʅ, also I_{6}; der Kopf selber bedeutet K_{8}; an Stelle des rechten Hornes sieht man O_{8}. Diese Ligatur, die der Tierkopf also darstellt, bedeutet ΙΚΟ. Darüber befindet sich zweifellos das Zeichen H_{15} und daneben O_{8}; darüber ΣΤ, dessen oberer Rand von ◡, also Hauchlaut, gebildet wird. Am oberen Ende sehen wir die Ligatur [Zeichen]: O_{8} mit N_{9}. Die Inschrift des Feldes lautet: ΝΙ ΙΚΟ ΗΟΣΤ 'ΟΝ.

Das dritte Feld Fig. 7[b] beginnt oben mit Hauchlaut ', in Ligatur mit O_s (Auge) und ∫ I_r (Zunge), also = 'OI; es folgt das Zeichen für HOAEMIO, darunter Silbenzeichen für EA, so dass das Feld besagt: OI HOAEMIO[I] EA—.

Das vierte Feld Fig. 7[a] beginnt mit dem Zeichen für OI, dessen oberer Widerhaken noch das Zeichen ∠, also N_s trägt; dann folgt T_{15}; das Zeichen links daneben deutet auf Abkürzung: in diesem Felde steht also: OINT. [O].

Die ganze Inschrift lautet so:

OY MITOHON E (?) | NI IKO H (?) O
ΣT 'ON | 'OI HOAEMIO. [I] EA | OINT. [O] =
τὸ μὴ τύπον ἕν ἔσω ἅσπ' ἢν | οἱ πολέμιο [ι] ἐᾶ | ὀντ. [ο].

Es handelt sich hier vermutlich um die Weihung eines Kriegers, vielleicht eines Feldherrn, der darum bittet, dass er nicht in eine Lage gerate, wie sie den Feinden angenehm, also ihm selbst gefährlich sein würde.

Fig. 8[b]. Fig. 8[c].

Fig. 8[a]. Fig. 8[d].

Aus: Evans, Journal of Hellenic Studies, S. 305, Fig. 23.

Da bei Fig. 8 ein äusseres Zeichen des Beginnes nicht zu erkennen ist, so müssen wir den Anfang nach dem Sinne feststellen, und dieses ergiebt, dass mit Fig. 8[d] rechts anzufangen und bustrophedon durch die vier Felder des vierseitigen Prismas hindurchzulesen ist.

Das erste Zeichen ist O_{4}, links folgt Σ_{16}, unten daneben eine dekorative Form für E_{14}.

Links daneben folgt Σ_{4}; das Kreuz am oberen Rande deutet auf engen Anschluss an das folgende. Das Feld besagt also: OΣ EΣ.

Das nächste Feld Fig. 8[c] beginnt mit einer Form von O_s; rechts unten daneben sehen wir wieder dieselbe dekorative Form von E_{14}.

Das folgende Zeichen stellt den Kopf eines Böckchens dar, wie er in hittitischen Inschriften sich sehr ähnlich findet (vgl. Evans a. a. O., S. 309), so dass wohl in der Darstellung ein besonderes Zeichen für EPI[1] zu sehen ist (vgl. Tab. der Silbenzeichen). Daneben sehen wir H_{20}, so dass in dem Felde steht: OEEPIH.

Das dritte Feld Fig. 8[b] zeigt am Anfang rechts T_{15}, darüber (etwas klein) O_{s}, links daneben das Zeichen für OI in Verbindung mit eben demselben Zeichen. In dem Felde lesen wir daher: TO OIOI.

Das vierte Feld Fig. 8[a] zeigt einen Fisch, dessen Schwanz hier abweichend von der Form gespreizt ist, die N_s bedeutet. Wir haben hier vielmehr ≻— = Y_s darin zu sehen. Zwischen beiden Schenkeln dieses Zeichens schwebt I_s; das Auge des Fisches ist O_s; der weiss ausgesparte Raum, der den vorderen Teil des Fischkopfes umgiebt, ist am oberen Rande von einer Linie begrenzt, die I_s darstellt. Demnach enthält das obere Feld das Wort YIOI, und die ganze Inschrift lautet:

OΣ EΣ | O EEPIH[2] | TO OIOI | YIOI =
ὡς ἕξω ἱέρηττε οἴῳ υἱῷ: für den einzigen Sohn, der nach aus-

[1] Da in der hittitischen Inschrift des Tarkodimme für dieses Zeichen fast mit Sicherheit als Lautwert tar- oder tarko anzunehmen ist, so könnte man auch für das mykenische Zeichen einen ähnlichen Wert vermuten. Diesen erhält man, wenn man nicht ἔριφος, sondern τράγος als Bezeichnung des Bockes zu Grunde legt. (Vgl. die Tabelle der Silbenzeichen.) Nimmt man die erste Silbe τρα- in dem vorliegenden Falle als Lautwert, so heisst die Inschrift dieses Feldes: OETPAH.

[2] Oder OΣ EΣ | O E TPAH | TO = ὡς ἕξω ἔτραπε.

wärts eilte (sich — stürzte). Der mediale Aorist von ἐρείπω ist später nicht vorhanden.

Fig. 9ᵃ. Fig. 9ᶜ.

Fig. 9ᵇ. Fig. 9ᵈ.

Aus: Evans, Journal of Hellenic Studies, S. 296, Fig. 21.

Der Anfang ist hier durch ein Zeichen angedeutet: oben rechts in Fig. 9ᵃ wächst das erste Schriftzeichen aus dem Rande heraus. Dann geht die Schrift bustrophedon durch die vier Felder hindurch. Das Anfangszeichen ist T_{10}, das daneben stehende Zeichen (Kreuz mit Kugeln oder Kreisen an den vier Enden) ist, wie Evans vermutet, ein Lesezeichen und deutet die Abkürzung an. Das Schiff ist Ausgestaltung der Zeichengruppe ᵕ|ᵕ = O_r I_a O_a und am linken Ende > = N_r. In dem Felde steht also: T. OION.

Das erste Zeichen des zweiten Feldes Fig. 9ᵇ (links) ist Σ_{1a}. Das rechts davon befindliche Bein ist Δ_a; darunter sieht man O_a; das schräge Kreuz ist im unteren Teile N_r. Den Schluss der Zeile bildet H_{1a}, so dass in dem Felde zu lesen ist: ΣΔΟΝ H.

Das dritte Feld Fig. 9ᶜ zeigt rechts das Zeichen für OI, dann T_{1a}, schliesslich O_a, zusammen OI TO.

Fig. 9ᵈ zeigt ausser dem zweimal gesetzten Kürzungszeichen Z_{1a}, dann Y_{1a}, dann H_1, also Z. YH.

Demnach lautet die Inschrift:

T. OION | ΣΔΟΝ H | OI TO | Z. YH. = τ.[ὸν] οἶον σοὸν (= ζῶν) οἶ¹ (erg. ἔμμεναι) τὸ (= τόδε) Z.[ηνὶ] ὑπ. [άτῳ].

Fig. 10ᵃ.

Fig. 10ᵈ.

Fig. 10ᵇ.

Fig. 10ᶜ.

Aus: Evans, Journal of Hellenic Studies, S. 297, Fig. 23.

Der Anfang von Fig. 10 ergiebt sich aus dem Sinne: die Schrift beginnt rechts oben und geht von da bustrophedon weiter.

Fig. 10ᵃ beginnt mit T_{1a}, links daneben steht OI, links am Ende Σ_{1a} = TOIΣ; dazwischen sieht man Raumfüllungen und Lesezeichen, deren letztes auf den Anfang der nächsten Zeile, Fig. 10ᵇ weist. Diese fängt mit Σ_{2a} an; dann folgt O_a, dann T_{1b}; oben darüber sehen wir o–o, wie in Fig. 2ᵇ Zeichen der Kürzung. Die Zeile heisst also ΣΟΤ.

Die dritte Zeile Fig. 10ᶜ beginnt rechts mit dem Hauchlautzeichen₁, dem hier, wie wahrscheinlich das Lesezeichen andeuten soll, der vollere Laut 'O zugehört. Daneben folgt Π_{2a} in Verbindung mit O_a = ΠΩ; daneben steht Σ_{1a}; den Schluss der Zeile macht O_a. Somit heisst die Zeile: 'ΟΠΩΣ Ο.

Die vierte Zeile Fig. 10ᵈ fängt mit M_{1a} an, über dem sich das Kürzungszeichen befindet. Das nächste Zeichen, ein im rechten Winkel gekrümmter Arm mit gespreizter Hand, ist weder mit Y_{2a}, noch mit dem Zeichen für ΠΟΛΕΜΙΟ zu identificieren, da

¹ Oder *Fοί*. Zu der äolischen Schreibung οὅ für ζ vgl. R. Meister, Die griechischen Dialekte, I, S. 180.

gerade das für jedes der beiden Zeichen Charakteristische, die **Haltung der Hand**, abweicht. Ein ägyptisches Hieroglyphenzeichen, welches diesem Zeichen sehr ähnlich ist, bedeutet ein Handmass.[1] Setzen wir auch für das griechische Zeichen den Begriff des Handmasses, so ergiebt sich als Lautwert ΠΑΛ (παλαιστή oder παλάμη). Das über dem oberen Ende des Armes sichtbare Zeichen deutet wieder auf Kürzung.

Über der gespreizten Hand schwebt O_8 in Verbindung mit I_3 und darüber nochmals O_8 = ΙΩ, so dass die ganze Gruppe heisst: ΠΑΛ. ΙΩ. Das letzte Zeichen der Inschrift ist rätselhaft. Es lässt in seinem Innern deutlich O_8 sehen: was aber die vier kleinen Halbkreise bedeuten sollen, mit denen das grosse Zeichen verziert ist, kann man nicht sicher sagen. Ich vermute, dass das ganze anzusehen ist als H_8 mit O_8 im Innern: , welches dekorativ umgestaltet ist zu , so dass es bedeutet HO.

Danach würde die ganze Inschrift heissen:

ΤΟΙΣ | ΣΟΤ. | ΟΗΟΣ Ο | Μ. ΠΑΛ. ΙΩ ΗΟ =

τοῖς σωτ[ήρσιν] ὅπως ὁμ[οῦ] πάλ[ιν] ἴω ἥώ (oder Fi = τόδε, erg.: bringe ich zum Opfer). Ὁμοῦ bezieht sich auf τοῖς σωτῆρσιν: ὁμοῦ σωτῆρσιν = mit Hilfe der rettenden Götter. Der Sinn ist also: dass ich mit Hilfe der rettenden Götter zurückkehre — (gebe ich) dies.

Fig. 11. Aus: Evans, Journal of Hellenic Studies, S. [illegible], Fig. [illegible].

Die kreuzartigen Figuren, die wir auf der Fläche des Steines (Fig. 11) bemerken, dienen zur Sonderung der Zeichen und machen

[1] Vgl. Evans a. a. O. S. 203.

von vorn herein klar, dass die Schrift im Kreise umläuft. Der Anfang ist oben links anzunehmen, wo der Kopf des τομεύς aus dem Rande hervorkommt. Dies erste Zeichen ist also T_{16}, zeigt aber in seinem unteren Teile O_8 = TO. Rechts daneben sehen wir Σ_{16}, rechts darüber O_8, zwischen diesem und dem ersten Zeichen eine aus I_7, O_8, N_8 bestehende Gruppe, so dass die Inschrift lauten würde: TO Σ OION, vermutlich = τὸ σ. [ημεῖον] οἶον. Indessen ist im oberen Teile des ersten Zeichens, im Knopfe des Lederschneiders noch diese Figur zu bemerken: O = M_{26} und darunter = O_8 mit I_7, so dass hier noch das Wort MOI herauskommt. Die Inschrift heisst dann μοὶ τὸ σ. [ημεῖον] οἶον = mein Siegel allein. Wir würden es also hier mit einem wirklichen Siegelsteine zu thun haben. Auf die Art der Eigentumsbestimmung, die hier zu Tage tritt, werden wir später noch zu sprechen kommen.

Fig. 12. Aus: Evans, Journal of Hellenic Studies, S. [illegible], Fig. [illegible].

Der Anfang in Fig. 12 ist rechts oben; von da geht die Schrift nach links, die zweite Zeile nach rechts. Das erste Zeichen ist N_8, das zweite ein nicht näher zu bestimmender Vogel; dies scheint ein hier singulär auftretendes Zeichen für den O-Laut zu sein (ὄρνις). Dann folgt eine ὑδρία, also Y_3. Das kleine Kreuz am Ende der Zeile deutet enge Verbindung mit dem folgenden an. Das erste Zeichen der zweiten Zeile ist wieder N_8; das zweite, die Doppelaxt, die durch die zu beiden Seiten angebrachten Lesezeichen besonders hervorgehoben ist, soll offenbar nicht bloss für den Anlaut, sondern mit dem Lautwerte ΑΞΙ stehen.

Beide Zeichen ergeben also: ΝΟΥ | Ν ΑΞΙ. = νοῦν ἀξι[ον]. Die Form νοῦν, wie auch die offenbar absichtlich gesuchte Figürlichkeit der sämtlichen Zeichen lassen dieses Siegel als frühestens der späten mykenischen Zeit angehörig erscheinen. In älterer Form wird uns fast derselbe Wortlaut weiter unten begegnen (vergl. Fig. 31).

Fig. 13. Aus: Evans, Journal of Hellenic Studies, S. 273, Fig. 1.

Diese rein lineare Inschrift eines Vasenhenkels stammt aus Mykenae. Sie ist von links nach rechts zu lesen und zerlegt sich in folgende Teile:
= E_{26}; , bestehend aus = T_{14} und = Σ_{16}, die zu einer Ligatur vereinigt sind (): also = ΣΤ. Ferner = O_{4}; schliesslich , Ligatur aus = M_{10}, = E_{26} und , die uns bekannte Verbindung von O_{a} und N_{e} = ON. Die ganze Inschrift lautet daher: ΕΣΤΩ ΕΜΟΝ = ἔστω ἐμόν. Es ist dabei nicht nötig, anzunehmen, dass etwa noch ein Name hinzugefügt gewesen sein müsse. Die naive Eigentumsbestimmung: „dies soll mein sein“ (vgl. auch Fig. 11) entspricht vielmehr ganz genau der Anschauungsweise, wie wir sie noch in der Ilias finden, wenn die Helden, die mit einander losen, nicht etwa für jeden erkennbar ihren Namen auf das Los schreiben, sondern ein Zeichen darauf anbringen, das nur sie selber wieder erkennen, so dass das Los eben nur durch die Aussage des Besitzers als dessen Eigentum erkannt wird.

Fig. 14. Aus: Evans, Journal of Hellenic Studies, S. 273, Fig. 2.

Auch die Inschrift (Fig. 14) beginnt links und zwar mit E_{17}, dann folgt = Γ, dann , eine eckige Form für = ON. Somit heisst die Inschrift: ΕΓΟΝ = ἐγόν, zeigt also dieselbe Anschauungsweise wie die vorige.

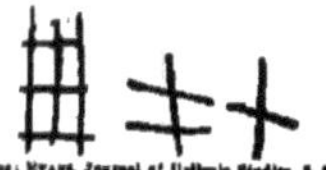

Fig. 15. Aus: Evans, Journal of Hellenic Studies, S. 275, Fig. 4b.

Die drei Zeichen (Fig. 15) stellen links E_{15}, rechts daneben A_{15}, rechts am Ende T_{20} dar und sind jedenfalls Abkürzungen ganzer Wörter: E. A. T. = ἔ[στιν] ἀ[μόν] τ[οῦτο], oder umgekehrt gelesen: τοῦτο ἀμόν ἐστιν. Denselben Wortlaut, im letzten Worte aber ausgeschrieben, hat die folgende Inschrift (Fig. 16).

Fig. 16. Aus: Evans, Journal of Hellenic Studies, S. 275, Fig. 5b.

Denn auch hier finden wir rechts T_{20}, daneben A_{16}, links davon eine Ligatur aus = E_{20}, = Σ_{18}, = T_{20} und / = I_{a} = ΕΣΤΙ, also zusammen: T. A. ΕΣΤΙ = τ[οῦτο] ἀ[μόν] ἐστι.

Fig. 17. Aus: Evans, Journal of Hellenic Studies, S. 290, Fig. 7.

Das obere Zeichen (Fig. 17) ist eine Form von Π_{20}[1]; das einzelne, kommaähnliche Zeichen darunter eine Form von I_{a}; das grosse

[1] Man braucht es nur in senkrechte Lage zu bringen, um dies zu erkennen.

komplicierte Zeichen ist eine Ligatur aus ⊭ = F_{20}, ꓒ = P, und Ч, welches letztere wieder aus ᑕ und V entstanden ist, also ON bedeutet. So heisst die ganze, auf einer Bronzeaxt in Delphi befindliche Zeichengruppe: H. IEPON = H[illegible] ἱερόν.

Evans stellt a. a. O., S. 282, Fig. 9 eine Anzahl von Charakteren zusammen, die an Bauwerken mykenischer Bauart in Knosos gefunden sind und meistens als Steinmetzzeichen angesehen werden, die aber, wie Evans ausführt, völlig in das System der mykenischen Linearschrift hineinpassen. Die Zusammenstellung folgt hier unter Fig. 18.

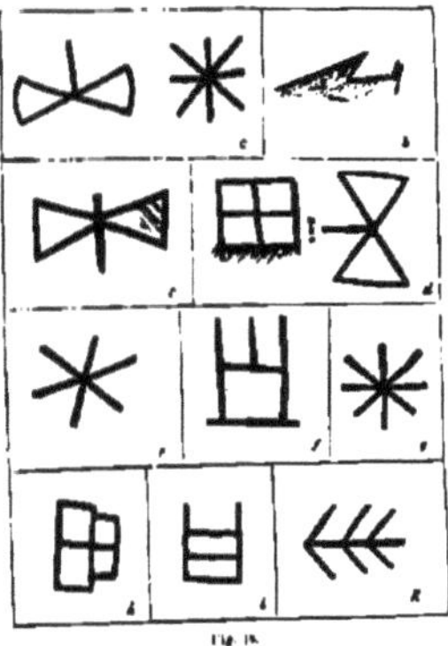

Fig. 18.

In dem Felde *a* sehen wir zunächst eine Form von A_{16}, daneben einen achtstrahligen Stern, ähnlich dem Zeichen, welches im kyprischen Syllabar ε und η bedeutet, wahrscheinlich eine dekorative Ausgestaltung von H_{15} oder H_{16}; beide Zeichen also geben A E, vielleicht wieder wie oben = ἀμόν ἐστι. Unter *b* finden wir ein eigentümliches Zeichen, welches aber offenbar Verstümmelungen erlitten hat und deshalb keinerlei Sicherheit des Erkennens gewährt. Im Felde *c* ist wieder A_{16} zu finden; *d* zeigt E_{15} und A_{16} = E A = ἐ[στιν] ἀ[μόν]; *e* hat einen sechsstrahligen Stern, der, wie wir schon oben erörterten, aus ⏀ entstanden ist, also = A_{16} zu setzen ist; im Felde *f* sehen wir E_{15} = ἐμόν; in *g* wieder den achtstrahligen Stern = E. Das Feld *h* zeigt uns ein komplicierteres Zeichen, welches aus ⊟ = M_{26} und ∃ = E_{26} besteht, also EM = ἐμ[όν] bezeichnet. In *i* ist wieder eine Form von E_1 zu finden; *k* dagegen hat ein Zeichen, welches aus ⋚ und ⋚ zusammengesetzt erscheint und daher EE = ἐ[μόν] ἐ[στι] bedeuten wird. Alle diese Hausmarken scheinen also Eigentumsbezeichnungen zu sein.[1]

Fig. 19a. Fig. 19b.
Aus: Evans, Journal of Hellenic Studies, [illegible]

Die obere Seite des scheibenförmigen Steines (Fig. 19) ist zum grossen Teil von einem halbfigürlichen Zeichen bedeckt, welches Evans als Ochsen oder Bullen bezeichnet; doch scheint er anzunehmen, dass die Tiergestalt aus mehreren Schriftzeichen bestehe;

[1] Es sei hier an das phönicische Aleph erinnert, welches z. B. auf Cypern an alten Bauwerken als Hausmarke erscheint.

wenigstens lässt darauf schliessen, dass er die auf der unteren Fläche befindlichen ähnlichen, aber getrennten Zeichen damit in Parallele stellt. Betrachten wir zuerst diese auf der unteren Fläche angebrachten rein linearen Zeichen (Fig. 19ᵇ). Nach dem äusseren Zeichen (Berühren des Randes) beginnt die Schrift mit dem N-ähnlichen Zeichen unten. In Wirklichkeit ist dies Z_4 und bedeutet mit dem links darauf folgenden ∫ = I_8 ZHNI. Weiter nach links hinauf folgt H_{10}. dann ein dem späteren H gleiches, gewiss auch eine Form von E_4 darstellendes Zeichen. Das über und neben der Durchbohrung liegende Zeichen setzt sich zusammen aus ∧ = Γ und ○ = O_4, während das letzte Zeichen ∀ eine Ligatur von V = N_7 und ʊ = ◡ und ⌊ = OI darstellt. Das ganze heisst demnach: ZHNI H. E. ΓΟΝΟΙ = Ζηνὶ π.[αιδὶ] ε.[ὐχὴν] γόνῳ, bedeutet demnach eine Bitte für den Sohn.

Auf der oberen Fläche (Fig. 19ᵃ) beginnt die Schrift dem Anschein nach links neben der Durchbohrung, wo T_{14} zu finden ist. Daran schliesst sich eine gekrümmte Linie, die O_6 zu bedeuten scheint, unter der eine schwach geschlängelte Linie I_6 andeutet, so dass bis dahin die Inschrift heisst TOI; die beiden etwas gekrümmten nach oben convergierenden Linien, die nun folgen, könnten sehr wohl eine Verzerrung von ∧ = Γ sein, während der augenförmige Leib des Tieres O_2 darzustellen scheint. Die Hörner mit der Schnauze ergeben dann V∪ = N_1O_9, links daneben schwebt eine Form von I_{11}, so dass bis zu diesem Punkte die Inschrift bedeutet: TOI ΓΟΝΟΙ. Die darauf folgende Gruppe ist ⊏ und Ɣ, also E_{29} und Y_{16}. Damit schliesst die Inschrift ab, so dass hier offenbar eine Kürzung anzunehmen ist. EY. steht für εὐ.[χήν.] Die ganze Inschrift der oberen Seite ergiebt daher folgenden Wortlaut:

TOI ΓΟΝΟΙ EY. = τῷ γόνῳ εὐ[χήν],

ist also kürzer als die untere, ergiebt aber denselben Sinn. Doch ist wegen der Verzerrungen der Zeichnung die Deutung unsicher.

Die drei auf der einzigen Schriftfläche befindlichen Zeichen (Fig. 20) sind in der Richtung von rechts nach links zu lesen, wie das nadelartige Zeichen darunter andeutet. Rechts am Anfang

Fig. 20. Aus: Evans, Journal of Hellenic Studies, S. 323, Fig. 19.

finden wir P_4, links daneben Z_{4}, am Ende der Zeile H_{17}, mit einem Bogen innerhalb der Arme, der O_5 zu sein scheint. Das ganze heisst daher: P. (oder PY.) ZHN. HO = ῥύ.[σιον] Ζην.[ὶ] πο.[ιῶ], d. h. ich bringe es als Rettungsopfer dem Zeus.

Fig. 21. Aus: Evans, Journal of Hellenic Studies, S. 327, Fig. 19.

Die im Kreise umlaufende Inschrift (Fig. 21) beginnt unten mit dem Zeichen ⊡⊐ = M oder MO[1]; dicht angelehnt ist das Zeichen / = I_8; rechts folgt ∇, eine eckige Form für O_3; dann wieder / = I_8; dann ⌒λ, Ligatur von (und Λ, also ON. Das Zeichen ⅃ ist eine etwas grobe Form für Σ_{16}; dann links darüber ⅄, also E_{29}. Das Schriftzeichen ⍜ besteht aus

[1] Diesen Lautwert hat das Zeichen in der kyprischen Silbenschrift.

ʃ, einer Form von T_{2}, O = O_{a} und Y_{26}, so dass die ganze Inschrift lautet: MOI OION ΣE. TOY. = μοὶ εἶον σ[τμάτε] τοῦ[το]. Wie in Fig. 11, wo wir eine fast gleichlautende Inschrift fanden, haben wir auch hier ein wirkliches Siegel vor uns.

Fig. 22. Aus Evans, Journal of Hellenic Studies, S. 347, Fig. 74.

Die Inschrift (Fig. 22), die in schwarzen Speckstein geschnitten ist, dem die Form eines Fusses gegeben worden, wird mit Recht von Evans zu Inschriften mykenischen Systems gezählt. Die Ähnlichkeit ist auf den ersten Blick nicht zu verkennen und tritt bei genauer Betrachtung immer deutlicher hervor. Dennoch finden sich hier Eigenheiten, die sonst nicht begegnen, was sich wohl aus der Herkunft der aus Unterägypten stammenden Inschrift erklärt.

Der Beginn ist links unten durch das Hervorwachsen des baumartigen Zeichens aus dem Rande deutlich gekennzeichnet. Ein kleiner Pfeil rechts oben neben diesem ersten Zeichen deutet an, dass die oberen Zeichen nach rechts zu lesen sind. Am rechten Ende weist dann wieder ein Pfeil nach unten, so dass also die unteren Zeichen nach links geordnet sind und das Ende der Inschrift nahe an den Anfang zu stehen kommt.

Das zuerst erwähnte baumartige Zeichen stellt sich bei genauer Betrachtung als Ligatur dar, und zwar aus ⅂ = P_{a} und ⊭ = A_{15}; die Ligatur heisst also PA. Das rechts oben folgende Zeichen sieht einem späteren Θ sehr ähnlich, ist aber ebenfalls aus mehreren Zeichen zusammengesetzt, nämlich ⦃ = T_{m}, F = E_{a} und ⁊ = ⁊ = OI, so dass die Gruppe TEOI heisst. Das

folgende Zeichen erkennt man leicht als eine Form von H_{1}; dann folgt das Silbenzeichen für ΔE. Eigenartig ist das folgende Schriftzeichen; es gleicht in seinem oberen Teile dem kyprischen ⌶ = ve, der untere Teil ⎩ scheint eine Form von I_{a} zu sein. Jenes kyprische Zeichen nun hängt seiner Form nach mit dem mykenischen ⇉ und ▦, Zeichen für E und H, zusammen und deutet darauf hin, dass dem Zeichen für H und E, dessen Ursprung auf ἦχος zurückgeht, früher in gleicher Weise die Spirans Ϝ anhaftete wie nachher der Spiritus Asper. So können wir für manche Zeiten und Gegenden wahrscheinlich auch den mykenischen Zeichen für H die Bedeutung des Ϝ als anhaftend vindicieren. In unserem Falle ergäbe sich dann für die 3. bis 5. Lautgruppe zusammen die Bedeutung HΔEϜI. Das letzte Zeichen rechts erkennt man sofort als T_{a}.

Die untere Zeile beginnt mit einem Schriftzeichen, welches wir nur in eine senkrechtere Stellung zu bringen haben ⊂, um es sogleich als eine Form von H_{2a} zu erkennen. Links folgt eine Ligatur von (= O_{b} und ⌇ = I_{c} = OI; links daneben sehen wir E_{ai}; am Schlusse endlich U, also O_{k}, so dass die ganze untere Zeile heisst: HOIEO.

Die gesamte Inschrift ist unter den oben gemachten Voraussetzungen demnach folgendermassen zu lesen:

PA TEOI HΔEϜI T. HOIEO =

Ρᾶ θεῷ ἡδέϜι τ.[οῦτο] ποιῶ; wir haben also eine Weihung an den Gott Ra vor uns. (Wie schon bemerkt, stammt die Inschrift aus Unterägypten.)

Im folgenden verlasse ich zunächst die von Evans a. a. O. veröffentlichten Inschriften, um erst wieder zu ihnen zurückzukehren, wenn wir halbfigürliche Inschriften behandeln. Jetzt werde ich einige anderweit sich findende mykenische Linearinschriften folgen lassen, die teils schon veröffentlicht, teils von mir auf Abbildungen mykenischer und anderer Fundstücke gesehen worden sind. Letztere Abbildungen sind meistens mit

Hilfe der Photographie hergestellt, so dass auch da, wo man bisher nicht an eine Inschrift gedacht hatte, durch die photographische Aufnahme die auf den Fundstücken befindlichen Charaktere mit übertragen sind.

Doch bevor ich diese eben besprochenen Inschriften bringe, lasse ich einige schon veröffentlichte vorausgehen.

Fig. 23. Aus: Schmidt, Sammlung kyprischer Inschriften (nach Schliemann).

Die Inschrift (Fig. 23) ist von rechts nach links zu lesen und beginnt mit T_{3}; links daneben folgt ⌐ = ⌐ = OI; ferner O_{3}. Das nächste Zeichen ist eine Form von H_{3}; es folgt T_{3} in Ligatur mit / = I_{3} = IT (?). Das vorletzte Zeichen scheint eine Form von A_{2} zu sein; den Schluss macht eine Ligatur von ∫ und ⌐, die am oberen Ende Λ bilden, also = OIO in Verbindung mit N_{4} = NOIO. Die Zeile würde demnach heissen:

TOIO HITANOIO = τοῖς πιθανοῖς,

als Bezeichnung einer Graburne.

Fast gleichlautend ist die folgende Beischrift (Fig. 24):

Fig. 24. Aus: Schmidt, Sammlung kyprischer Inschriften (nach Schliemann).

Sie beginnt ebenfalls rechts; wir finden zuerst eine Ligatur von ⊣ und], verschlungen zu ⋎ = T_{3} und OI = TOI. Darauf folgt die Ligatur für OI zweimal = OIOI. Weiter finden wir H_{3}; dann ⋔ als Verbindung von T_{3} = I_{3} = TI oder IT; dann folgt wieder ein Zeichen, welches dem an gleicher Stelle stehenden der vorigen Inschrift entspricht, das ich für eine Form von A_{2} halte; am Ende steht hier eine Ligatur aus ⌐ = O_{3}, / = I_{3} und ⅂ = N_{4} = NOI, so dass die Inschrift so lautet:
TOI OIOI HI⊕ANOI = τῷ οἴῳ πιθανῷ. Πιθανός ist in beiden Fällen offenbar ein lobendes Beiwort = verständig, freundlich, lieb.

Auch der Schriftzeile (Fig. 25), wie den vorigen beiden, sieht man auf den ersten Blick die Zugehörigkeit zu dem mykenischen System an. Sie läuft von rechts nach links und

Fig. 25. Aus: Schmidt, Sammlung kyprischer Inschriften (nach Schliemann).

beginnt mit derselben Ligatur von ⅋ und /, die wir bei der vorigen Inschrift fanden, und die eine so grosse Ähnlichkeit mit dem kyprischen ⋔ = TI hat. Dann folgt dieselbe Ligatur noch vermehrt durch ⌐ = O_{3} = ⌐ = TOI. Das zwischen zwei kurzen wagrechten Linien eingeschlossene Zeichen ist eine Form von T_{11} und wird durch die erwähnten Linien als Abkürzung charakterisiert.[1] Weiter folgt wieder TI. Dann sehen wir eine Ligatur aus ⫛ = E_{3} und — = I_{3}, daneben ⫛ = E_{3}; beide Zeichen zusammen also = EIH. Daneben steht Γ, dann A_{7}, am Schluss eine Ligatur von ⌐ = E_{3} und Λ = N_{4} und darunter O_{3}, so dass die vier letzten Zeichen heissen: ΓAHNO. Der Wortlaut ist also:

TI TOI· T· TI EIH ΓAHNO,

wohl = τιτθῷ τ[ου]τί εἰς γλῆνο[ς], wobei τιτθός (Nährer, Pfleger) wahrscheinlich in der Bedeutung „Vater" gebraucht ist; wir werden das Wort in ähnlichen Inschriften noch ferner finden. Es handelt sich in unserem Falle wie oben um Gegenstände des Totenkults.

---

[1] Über die Art, wie in der mykenischen Schrift die Abkürzungen angedeutet werden, sei hier das Nötigste angeführt. In solchen Inschriften besonders, die einen altertümlichen Charakter zeigen, tritt das weiter oben besprochene Zeichen (Stäbchen mit Scheiben oder Kugeln an den Enden) auf. Sonst finden sich Punkte, Sterne oder kurze Striche rechts und links von dem als abgekürzt charakterisierten Zeichen. Auch ein einfacher Punkt (oder ein kurzer Strich) vor oder hinter, oder überhaupt neben dem Zeichen, welches als abgekürzt gelten soll, versieht denselben Dienst. Häufig genug, vorzüglich bei bekannten formelhaften Ausdrücken, fehlt jedes besondere Abkürzungszeichen.

Die kurze Inschrift (Fig. 26) beginnt rechts mit einer Zeichengruppe, die aus)(und ↘, also $O_5 O_5$ und I_2 zu bestehen scheint, und zwar so, dass I den Anfang macht. Die Gruppe hätte dann die Bedeutung IΩ. Das folgende Zeichen ist T_{5} mit) = TO.

Fig. 26. Aus Schmidt, Sammlung kyprischer Inschriften (nach Schliemann).

Die dritte Lautgruppe zeigt unten rechts O_5 und darüber I_1; das grössere Zeichen, welches die Gruppe überragt, ist in seinem oberen Teile $Σ_{18}$, im unteren I_1; links trägt es die Umrisse einer Axt, also A_{18}, so dass die ganze Gruppe OIΣAI bedeutet, die Inschrift also lautet:

IΩTO OIΣAI = ἰὼ τὸ (= τοῦτο) οἶσαι.

(Οἶσαι ist 2. P. Sing. Imperat. Aor. I. med. zu dem später nur im Fut. zu φέρω gebräuchlichen Verbalstamme, so dass der Sinn eines Anrufes an den Toten herauskommt, die dargebotene Spende anzunehmen.

Fig. 27. Aus: Schmidt, Sammlung kyprischer Inschriften (nach Schliemann).

Von den vier Zeichen (Fig. 27), die wir von rechts nach links lesen, ist das erste T_{25}; dann folgt ein Zeichen, welches mit dem in Fig. 23 und 24 als A_4 erkannten identisch zu sein scheint; das dritte ᐱ ist M_{10}, das letzte eine Ligatur aus (und >, also O_5 und N_7. Das ganze heisst daher: T. AMON = τ.(οὗτο) ἀμόν, eine Eigentumsbezeichnung, wie wir sie schon früher bei speziell mykenischen Aufschriften gefunden haben.

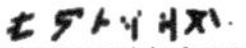

Fig. 28. Aus: Schmidt, Sammlung kyprischer Inschriften (nach Schliemann).

Zwei der Zeichen der Inschrift (Fig. 28) sind, wie es scheint, verstümmelt. Das den Anfang bildende Zeichen — rechts — ist I_1; daneben steht ✕ = Ω = ON oder ΩN. Dann folgt eins

der unvollständigen Zeichen, in dem zunächst eine Form von T_{25} zu erkennen ist, während nicht mehr deutlich ist, mit was für einem Zeichen es zusammengesetzt war. Ähnlich ist in dem daneben stehenden noch I_4 zu erkennen, während der obere Teil unklar ist. Das fünfte Zeichen sieht zunächst wie T_{25} aus, ist aber von dem dritten, diesen Wert habenden Zeichen doch sehr verschieden und scheint der Rest von F = E_{20} zu sein. Das vorletzte Schriftzeichen der Zeile ist eine eckige Form von H_{24}, das letzte[1] besteht aus ⌣ = I_1, ∃ = E_{20} und ∠ = N_7, so dass die ganze Zeile heisst:

IΩN T—I EHIEN = Ἰων τ(οῦτ)ῷ ἔπιεν.

Das Gefäss enthielt also wohl ein Lieblingsgetränk des Toten.

Fig. 29. Aus: Schliemann, Ilios, S. 779, Nr. 1583.

Die Richtung der Inschrift (Fig. 29) geht von rechts nach links. Das erste Zeichen ist T_{24}, aber die starke Krümmung deutet auf Verbindung des Zeichens mit O_5; links daneben steht I_1; mit dem vorigen Zeichen zusammen also: TOI. Das folgende Zeichen ist ⅄ = T_{17} mit | = I_1, also TI. Dann folgt ⅄ in Ligatur mit ↳, also TOI; links daneben T scheint ebendasselbe zu bedeuten = TOI; ⌒ ist O_5 in Verbindung mit I_5 = O(Ω)I. Das folgende Zeichen besteht aus ⊔⊔ = E_{20} und ∠ = N_7 (∠∠∠); darüber ⌣ = I_1. Daneben | = I_1. Das Zeichen links daneben ist eine flüchtige Ausführung von ∩ = P und oben angefügt ↘), Verbindung von) und ⌣ = OI; daneben folgt T_{17}, dann I_1, dann wieder T_{17}. Ob das letzte Zeichen I_1 oder nur eine Interpunktion sein soll, ist nicht zu entscheiden. Das ganze heisst: TOI TI TOI TOI OI EIN IPOI TI T. = τῷ πιτῷ

[1] Der unterste, fast wagrechte Strich ist in der Abbildung fast ganz gerade ausgefallen, während er im Original etwas nach unten gebogen ist.

τῷ ᾧ εἰς ἐμῷ πα[τρί]. Es ist also Beischrift einer Grabspende für den Vater.

Eigenartig in der Form einiger Zeichen, aber doch im ganzen unverkennbar in das mykenische Schriftsystem gehörig ist folgende Inschrift (Fig. 30).

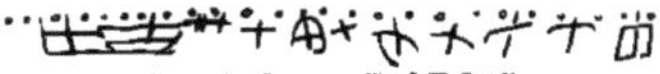

Fig. 30. Aus: Schliemann, Ilios, S. 772, Nr. 1533.

Das Zeichen rechts am Anfange scheint eine eckige Form von O_2 zu sein in Verbindung mit N_6; darüber schwebt I_8 = IΩN; daneben T_{29}, dann = TOI mit = I_8 = ITOI. Links daneben T_{16}. Das folgende Zeichen ist Ligatur von und = OION. Im folgenden finden wir mehrfach ein kleines Kreuz, welches sich in der Grösse von den vorher vorkommenden Formen für T_1 unterscheidet und eine Form von E_1 zu sein scheint (aus entstanden). Setzen wir diesen Wert ein, so ergiebt sich folgendes: E_5 dann $H_{[illegible]}$ in Verbindung mit O_8 = HO und = $T_{[illegible]}$, dem unten = E angefügt ist; darauf folgt noch einmal E_5, so dass die drei Zeichen EHOTEE heissen. Weiterhin finden wir zum vierten Male E und links daneben = I_8 mit = N_6 und = I_8 = EINI. Das langgestreckte Zeichen am Ende der Zeile gliedert sich durch einen stufenförmigen Absatz in zwei Teile, deren erster eine Form von T_1 in Verbindung mit = $E_{[illegible]}$ und = I_6 = THI darstellt. Der stufenförmige Absatz ergiebt oben = $N_{[illegible]}$, dann folgt = $E_{[illegible]}$ und = I_6 = NHI. So bedeutet das ganze:

IΩN ITTOI T. OION EHOTEE EINI-THI NHI = ἰὼν ποτοῦ π[ότου] οἷον ἐπόθεε εἶναι τῇ νηΐ.

Die Inschrift findet sich auf einer Vase und deutet auf Beigabe von Getränk oder dergleichen, welches der Verstorbene gern genoss. Wenn es heisst: wie er es auf dem Schiffe entbehren musste, so scheint damit angedeutet, dass der Verstorbene seinen Tod auf einer Seereise fand, und dass ihm das Entbehren seines Lieblingsgenusses, wie es der Aufenthalt auf dem Schiffe mit sich gebracht hatte, dadurch gewissermassen gut gemacht werden soll, dass man das Getränk ihm im Grabe beigab, weil er im Leben seinen Wunsch, es wieder geniessen zu können, nicht mehr erfüllt gesehen hatte. Zu bemerken ist übrigens, dass, wie sich bei genauer Betrachtung zeigt, den letzten beiden Worten der Inschrift die rohe Form eines Schiffes gegeben ist.

Fig. 31. Aus: Schliemann, Ilios, S. 772, Nr. 1534.

Ersichtlich enthält die Inschrift (Fig. 31) zwei Zeilen, die bustrophedon gelesen werden, wie auf den ersten Blick die Herunterziehung des grossen Zeichens am linken Ende zeigt. Am Anfange — rechts oben — finden wir die uns schon bekannte Ligatur von und O=α, aber in eckiger Ausführung = NO; daran schliesst sich weiter links eine eckige Form von O_5; weiter folgt N_6 = NOON. Das grosse Zeichen, welches bis in die untere Zeile hinabreicht, erweist sich als = A_{14} oder Silbenzeichen AΞI; darüber schwebt $O_{[illegible]}$, rechts daneben = $N_{[illegible]}$, also mit dem grossen Zeichen zusammen AΞION. Unter dem Zeichen für N_6 sehen wir = $F_{[illegible]}$, darüber = I_6. Das Zeichen am Ende besteht aus = $N_{[illegible]}$, = einer Form für A_7 und = I_5 = EINAI. So ergiebt die ganze Inschrift:

NOON AΞION EINAI = νόον ἄξιον εἶναι,

also eine etwas vollere aber sprachlich ältere Form desselben Wunsches, den wir schon oben auf einem Siegel als Wahlspruch fanden.[1]

Die sämtlichen Inschriften von Fig. 28 bis 31 sind durch ihre Herkunft bemerkenswert. Sie sind alle von Schliemann

[1] Vgl. oben Fig. 12.

in Hissarlik gefunden. Immer ist schon die Ähnlichkeit mit kyprischen Schriftformen aufgefallen, ohne dass doch die Lesung mit Hilfe dieser Silbenschrift gelingen wollte. Die Ähnlichkeit bei fehlender Identität erklärt sich nun leicht aus der Verwandtschaft der kyprischen Schrift mit dem mykenischen Schriftsystem, über die wir schon oben gesprochen haben. Übrigens bin ich weit entfernt, aus dieser Feststellung, dass diese Inschriften in griechischer Sprache verfasst sind, etwa Folgerungen auf die Sprache der Troer zu ziehen. Es erscheint mir natürlicher, dass diese Beischriften der ältesten Zeit griechischer Besiedelung des Burghügels angehören.

Die Inschriften sind von Schliemann veröffentlicht und teils von M. Schmidt in seiner „Sammlung kyprischer Inschriften" (letzte Seite), teils von M. Ohnefalsch-Richter, Kypros, die Bibel und Homer, I, S. 64, Nr. 65—67 reproduciert.

Diesen Inschriften reihe ich zwei solche an, die ebenfalls von manchen Seiten als kyprisch angesehen sind, ohne dass die Schriftzüge sich als kyprisch erweisen lassen, während sie sich in das mykenische System leicht einpassen. Die eine (Fig. 32) ist veröffentlicht von M. Schmidt, Sammlung kyprischer Inschriften, Taf. IX, Nr. 8 und befindet sich auf einem aus Cyrenaica stammenden Steine.

Fig. 32. Aus: Schmidt, Sammlung kyprischer Inschriften.

Der Anfang ist rechts oben, von wo aus die beiden Zeilen bustrophedon zu lesen sind. Das erste Zeichen ist eine Abart von I_6, dann folgt Δ_6, dann die bekannte Ligatur für ♀ = ON, an vierter Stelle wieder I_6, so dass bis hierher der Wortlaut ist: IΔONI oder IAΩNI. Das fünfte Zeichen ist Y_{14}, dann

finden wir eine Ligatur von) = O_5 und — = I_5 = YOI (YΩI). Die zweite Zeile beginnt mit einer Zusammensetzung von ⌠ = I_4 und < = N_{17}, worauf die gleiche Ligatur folgt, aber in umgekehrter Reihenfolge; beide Zeichen ergeben INNI. Ferner schliesst sich zweimal ϛ als Ligatur von (und ⌠ an = OIOI oder OIΩI; darauf folgt eine Form von T_{20}, dann Σ_{17}. Das ganze heisst demnach:

IΔONI YOI INNI OIOI T. Σ. =

Ἰάονι ὑῷ Ἴννι οἴῳ τ.[ὸ] σ.[τημάτιον]. In der Form Ἴννι ist die Länge der ersten Silbe durch Verdoppelung des Nasals ausgedrückt, während sonst nur der einfache Nasal erwartet wird.

Die andere Inschrift (Fig. 33) befindet sich in derselben „Sammlung kyprischer Inschriften" von M. Schmidt, Taf. XVI, Nr. 4.

Fig. 33. Aus: Schmidt, Sammlung kyprischer Inschriften.

Die bildliche Darstellung wie auch die Schriftzüge sind ziemlich roh, aber erkennbar; letztere gehören dem mykenischen Schriftsystem an. Die Umschrift beginnt oben rechts, wo wir zunächst das Zeichen // = E_{24} erkennen. Darüber sehen wir O‑T, eine Ligatur von T und O = T_{27} und O_5 = TO. Links schliesst sich unmittelbar an — = I_5, dann O_5; mit den vorhergehenden Zeichen zusammen ergiebt das: E TOIO. Unten, wo die Umschrift nun weitergeht, tritt uns zuerst das Zeichen Y_{14} entgegen, dem dann (, also O_{10} und ♀, d. h. I_5 und O_{10} folgt. Den Abschluss macht Δ, eine eckige Form von Σ_9, also für Q. Die Legende heisst demnach im ganzen: E. TOIO YOIO Σ. E[στι] τοῖο ὑοῖο ε[ργασίην].

Von den Beischriften, die ich auf Schmuck- und Waffenstücken gefunden habe, welche aus Mykenae stammen, lasse ich hier nur wenige folgen. Da sie sich auf Abbildungen befinden (die Originale standen mir nicht zur Verfügung), so müssen sie sich vielfach kleiner und undeutlicher darstellen, als sie das Original zeigen wird; ich gebe diese natürlich in vergrösserter Gestalt. Ich mache den Anfang mit einer kurzen, ornamental gehaltenen Beischrift, die in ihren einzelnen Teilen so deutlich ist, wie man nur wünschen kann. Sie findet sich an einem goldenen Diadem aus dem dritten Schachtgrabe, welches bei Schuchhardt, Schliemanns Ausgrabungen, S. 215 veröffentlicht ist (nach Schliemann, Mykenae, Nr. 281). Am oberen Rande des Bandes, unter den aufgesetzten Zacken, sieht man nämlich zwischen den Rosetten Charaktere, deren buchstabenähnliche Gestalt auch Schuchhardt a. a. O. hervorhebt, die man aber notgedrungen als blosse, vielleicht palmettenartige Verzierungen ansehen musste, da sie eben völlig vereinzelt waren.

Fig. 34.

Suchen wir den Anfang der Beischrift (Fig. 34) nach früheren Erfahrungen, so werden wir ihn da finden, wo ein Zeichen eng mit dem Rande zusammenhängt, und dies trifft bei dem Zeichen zu, welches von rechts und links gezählt das fünfte ist. Fände es sich nicht in Gesellschaft von Zeichen, die sich durch ihre charakteristische Gestalt und die durchgängige Verschiedenheit unter einander zweifellos als Schriftzeichen darstellen, so würde man dieses erste Zeichen einfach als Palmette gelten lassen. So aber erkennen wir darin eine ornamental gehaltene Pfeilform = OI. Links folgt = $Ω_1$; ferner = $Σ_{16}$ in Verbindung mit — I_4 = ΣI; dann folgt = OIO; dann = Y_{16}. Bis dahin heisst also die Beischrift: OIΩΣIOIO Y.

Die Fortsetzung finden wir am rechten Ende des Bandes[1], wo wieder = OIO sichtbar ist; dann folgt, eine Form von T_{17}; dann = E_{25}, dann, vielleicht nur eine Form von $Σ_{16}$. So würde die ganze Beischrift heissen:

OIΩΣIOIO YOIO T. EΣ. = Οἰωσίοιο ὑοῖο τ[εύχε] ἐσ[τιν].

Den Namen Οἰώσιος, dessen Sohn hier als Verfertiger sich nennt, finden wir noch auf anderen Stücken; ich führe nur eins an, einen Siegelring, der eine halb bildliche Inschrift enthält, auf dem aber ausserdem in kleinen Zeichen der Name des Verfertigers sich findet. Ich meine den Ring (Fig. 35), der bei Schuchhardt a. a. O., S. 323 abgebildet ist (nach Schliemann, Mykenae Nr. 531).

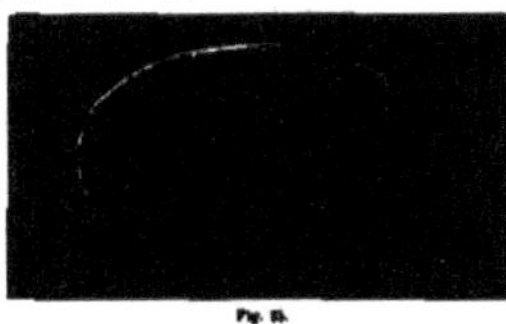

Fig. 35.

Am oberen Rande bemerken wir einige eingeritzte Zeichen, die nicht blosse Lesezeichen sind, sondern unzweifelhaft mykenische Schriftzeichen, also T_{14}, O_5 und Y_{17} = TOY. Am rechten Rande finden sich noch fernere Zeichen, die sich dann zwischen der rechts oben am Rande stehenden Zeichen-

[1] Wenn das Diadem seiner Bestimmung gemäss um den Kopf gebunden ist, so stösst das linke Ende des Bandes mit dem rechten zusammen, so dass der zweite Teil der Inschrift ganz richtig an den ersten anschliesst.

gruppe und dem gehörnten Tierkopfe (unten rechts) hinziehen und auch lesbar, im einzelnen aber nicht deutlich genug sind, um sie bei dieser Gelegenheit zu behandeln. Dagegen treten bei näherem Hinsehen noch neben dem Bildwerke links oben (Idol?) Zeichen hervor, die im einzelnen genauer zu verfolgen sind. Der untere Teil dieses Bildwerkes hat nämlich folgendes Aussehen, Umrisse, die eine Ligatur von = O_{2a}, = I, und O_5 = OIO (Ω) darstellen. Rechts, dicht neben diesem Idol schwebt das Zeichen = Σ_{10}; schräg rechts darüber etwas matt, aber deutlich = IO und noch weiter in derselben Richtung = Υ_{16}; darunter = E_{16}. Somit heisst die Beischrift, soweit wir sie hier erörtert haben, TOY . . . OIΩΣIOY E. = τοῦ . . . Οἰωσίου ἐ[ποίει.]

Bedenkt man, dass in dieser Abbildung das Feld des Ringes doppelt vergrössert ist, so erkennt man, dass es sich hier um eine fast mikroskopisch eingeritzte Beischrift handelt, die den Verfertiger angiebt, diesmal den Oiosios selbst, während in der vorigen der Sohn genannt war. Bemerkenswert ist übrigens die hier auftretende Genitivendung ου, die unzweifelhaft ist und auch bei dem hier ausgelassenen zweiten Worte deutlich ausgeschrieben ist.

Eine andere kleine Beischrift (Fig. 36), an einem Gamaschenhalter aus dem IV. Schachtgrabe angebracht, hat sich offenbar auf den Besitzer bezogen.[1]

In dem oberen Vorsprunge zwischen den beiden Armen des Gamaschenhalters finden sich folgende Zeichen:

Fig. 36.

Beginnen wir rechts und lesen von da oben links herum, so haben wir zuerst mit = TO; links darüber I_n, daneben

[1] Vgl. Schuchhardt a. a. O., S. 267.

E_{16}; dann P_5; rechts darunter O_2; ganz unten = I_a = TOI HPΩI = τῷ ἥρωι. In diesem Falle sind die Zeichen an dem Original jedenfalls sehr deutlich sichtbar, da hier die Abbildung wesentlich verkleinert ist.

Noch eine von diesen kleinen Beischriften (Fig. 37) will ich anführen, welche an einem goldenen Schwertbande (Schliemann, Mykenae, Nr. 455) sich befindet. Oben, wo das Band über den Rest des Schwertes geschlungen ist, sieht man eine Reihe paralleler Striche, die zunächst nur eingekritzelt scheinen. Dreht man dagegen die Abbildung herum, so sieht man, dass es doch Schriftzüge sind, die aber zum Teil mit Hilfe des Lineals eingeritzt und deshalb geradlinig und eckig geworden sind.

Etwas vergrössert und auseinandergehalten zeigen sich die Schriftzüge folgendermassen:

Fig. 37.

Die Inschrift beginnt rechts bei dem (von mir beigesetzten) Stern und zeigt zunächst = T_{8}; daran schliesst sich oberhalb = O_5; die Schlangenlinie setzt sich dann fort zu der Gestalt des = P_5; rechts von diesem ist noch = I_a und = E_{4b} zu sehen = TOI HP. Daran schliesst sich links zweimal O_a = Ω und endlich = I_a an. Bis dahin heisst die Beischrift also TOI HPΩI. Die untere Zeile beginnt links mit I_a; es folgt H_{16}, dann eine Form von A_1, ferner Σ_{1a}, dann O_a und unten rechts I_a. Daher ist die ganze Inschrift zu lesen: TOI HPΩI HIAΣOI = τῷ ἥρωι Ἱπ[π]άσῳ. (Ein Grieche mit Namen Hippasos wird Il. 13, 411 als Vater des Hypsenor genannt.)

Die Inschrift (Fig. 38) befindet sich unterhalb der dargestellten Opferscene und besteht aus zwei Teilen: einer Zeichengruppe in der rechten Ecke und der Hauptbeischrift

Fig. 38
Nach Ohnefalsch-Richter, Kypros, die Bibel und Homer, II. Taf. LXXIX, 12

am Fussgestell der Aschera. Die Zeichengruppe in der rechten Ecke sieht isoliert und etwas vergrössert so aus

[illegible]

und beginnt rechts mit I_4, dann folgt E_{77}. Das komplizierte Zeichen links daneben besteht aus [illegible] = P_4, [illegible] (eckiger Ausführung von T_{38}) und [illegible] = O_4 in Verbindung mit N_{40}, so dass die ganze Gruppe bedeutet: IEPON T = ἱερὸν τ.[αῦτα].

Die Unterschrift in der Mitte zeigt rechts als erstes Zeichen [illegible] = I_4 und T_{38}. Links folgt [illegible], was offenbar [illegible] = I_4 und $Σ_{15}$ bedeutet. Das weiter links folgende Zeichen ist [illegible] und scheint [illegible] = K_3 und [illegible] = T_{38} zu enthalten. Das nächste Zeichen [illegible] ist unzweifelhaft A_{121}; darauf folgt [illegible] = P_{10}, dann [illegible] = zweimal O_4 = Ω, zuletzt [illegible] = T_{34}. Daher heisst die Unterschrift: IT. IΣ KTAPΩT[1] = ἱ τ.[ύχαι] Ἰσταρῶτ. Die Lautverbindung στ scheint zur Bezeichnung des dem Griechischen fremden Lautes sch oder š angewendet zu sein; denn dass der Name der Astarte, Aštarot oder vielmehr Ištarot (Ištar) gemeint sei, kann gar keinem Zweifel unterliegen.

Die gesamte Inschrift, eine Weihung an Astarte, lautet also: IEPO. T. IT. IΣKTAPΩT = ἱερὸ(ν) τ.[αῦτα] ἰ(ν) τ.[ύχαι] Ἰσταρῶτ.

[1] Oder IΣTKAPΩT; vgl. unten Fig. 40.

Die Abbildung Fig. 39 stellt ein Stück einer Bronzeschale aus der Zeushöhle in Gortyn dar. Auf den vier aufrechten Lanzenspitzen sind mykenische Zeichen angebracht, deren Beifügung möglicherweise gar nicht auf den Verfertiger zurückgeht, sondern auf einen Besitzer oder Verschenker der Schale; es ist nämlich wahrscheinlich, dass das Werk ägyptisches Fabrikat ist.

Fig. 39. Nach Ohnefalsch-Richter, Kypros, die Bibel und Homer, II, Taf. CXII, 4.

Die Zeichen sind folgende. Auf der Lanzenspitze, in der Mitte der Abbildung, also der am weitesten rechts stehenden, finden wir das Zeichen [illegible] = A_{18} oder AΞI. Die nächste zeigt [illegible] = O_{86}. Dann folgt [illegible], bestehend aus [illegible] = I_4 und [illegible] [[illegible]] = T_{74}; die Zeichengruppe ist durch die Raumverhältnisse etwas zusammengedrängt, aber doch erkennbar genug. Die vierte Lanze hat das Zeichen [illegible] = I_4. Ein Zeichen haben wir bisher noch übergangen: die rautenförmige Figur links von der ersten Lanze [illegible] = O_4 mit N_{40}. Die ganze Inschrift lautet daher: AΞI ON ΠITI[1] = ἄξιον πότι.

Ich lasse nun eine Inschrift folgen, die sich auf einem kyprischen Cylinder befindet, der von Ohnefalsch-Richter in

[1] Hinsichtlich des Wortlautes vgl. unten Fig. 44, die eine Beischrift der Idalionschale giebt.

dem mehrfach citierten Werke „Kypros, die Bibel und Homer“, I. S. 34, Fig. 24 veröffentlicht ist.

Die bildliche Darstellung dieses Cylinders repräsentiert neben dem religiösen Kultinhalt auch eine Inschrift, auf die wir indessen hier nicht eingehen. Dagegen stellen die das Schema des Kultobjektes (links) umgebenden Strahlen bei genauer Besichtigung eine Beischrift dar, welche einiger geringen, in der Wiedergabe durch den Druck begründeten Undeutlichkeiten entkleidet, sonst aber getreu abgebildet folgende mykenische Schriftzüge enthält (Fig. 40):

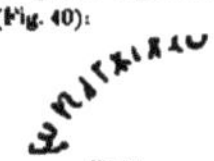

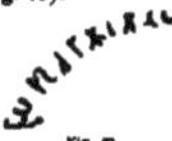

Fig. 40.

Der Anfang ist rechts oben zu suchen, wo uns zuerst O_5 in die Augen fällt; es folgt Y_{14}, dann eine Abart von T_{35}, dann I_4. Das darauffolgende Zeichen besteht aus [sign] und [sign] = T_{33} und Σ_{18}; darauf sehen wir Γ, dann A_{14}, dann P_5, zuletzt O_5 und T_{33}. Das ganze heisst also: O. Y. T. ΙΣΤΓΑΡΟΤ = ὀ[νέθηκεν¹] ὀ. τ[ύχαι] Ἰστγαρότ. Wir haben also auch hier eine Weihung an Aštarot oder Ištarot vor uns. Interessant ist auch hier, wie in Fig. 38, das Erscheinen eines K-Lautes (hier der Media) zwischen der ersten und zweiten Silbe, offenbar ein Versuch, den ungriechischen Klang des *š* oder *šh* wiederzugeben.

Bei Ohnefalsch-Richter, Kypros, die Bibel und Homer, I. S. 151, finden wir eine Anzahl von symbolischen Darstellungen der Astarot, die zum Teil Inschriften verschiedener Art tragen. Eine von diesen, a. a. O. Fig. 147, ist mit mykenischen Zeichen beschrieben, und zwar scheinen mehrere Inschriften über einander, also nach einander in der Weise angebracht zu sein, dass die nächste die vorhergehende unleserlich machte. Wenn man bedenkt, dass diese Darstellungen an den Wänden einer Felsgrotte bei dem alten Tyrus eingemeisselt sind, so ist es erklärlich, dass eine ältere bildliche Darstellung von späteren Verehrern der Göttin, die dort Opfer brachten, benutzt werden konnte, um ihre eigenen Weihinschriften daran anzubringen. Eine der erwähnten Inschriften ist an einer noch freien Stelle, in der Mitte des Bildes, eingeritzt und deshalb leserlich. Sie zeigt folgende Gestalt (Fig. 41):

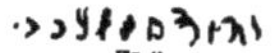

[1] Für die kyprische Form ὀνέθηκε an Stelle von ἀνέθηκε vgl. Meister, Die griechischen Dialekte, II, S. 215 fg.

Fig. 41.

Ich gebe die Inschrift hier vergrössert wieder, da sie auf der erwähnten Abbildung nur mit einem Vergrösserungsglase deutlich sichtbar ist.

Beginnen wir rechts zu lesen, so sehen wir zuerst I_5, links daneben eine Form von T_{16}. Dann finden wir I_5, daneben eine Verbindung von [sign] = T_{37} und [sign] = Σ_{18}; links folgt P_5, dann [sign] = $\Omega_{\dots}$, daneben [sign] = T_{36}; dann [sign], eine Verbindung von T_{33} und O_5; dann folgt O_5, und den Abschluss macht [sign] = N_6. Die Inschrift lautet also:

I. T. ΙΣΤΡΩΤ ΤΟ ΟΝ. =

ἰ[ν] τ[ύχαι] Ἰστρώτ τὸ (= τοῦτο) ὀν[έθηκεν.]

Die nächste Inschrift finden wir bei Ohnefalsch-Richter a. a. O., II, Taf. CLI, Fig. 31 auf einem Cylinderabdruck.

Zwischen den beiden menschlichen Gestalten, ungefähr in Schulterhöhe, fällt sogleich das Zeichen E in die Augen. Aber auch Kopf und Hals des links stehenden Mannes tragen Zeichen, wie ein Vergrösserungsglas sehr deutlich zeigt; ein scharfes Auge vermag indessen auch ohne Bewaffnung folgende Zeichen gut zu erkennen:

Fig. 42. Nach Ohnefalsch-Richter, Kypros, die Bibel und Homer, II, Tafel CLI, Fig. 31.

Das etwas höher schwebende dieser fünf Zeichen scheint eine Verbindung von ⊥ = $T_{ϊ}$ und ⟩ = I_{i} zu sein = IT. Die vier in gleicher Höhe stehenden Zeichen geben von links nach rechts gelesen $A_{ä}$ (ꟼ), Δ_{δ}. Ligatur von O_{o} und N_{ν}, I_{i} : ΑΔΟΝΙ. So ergiebt die ganze Inschrift:

IT ΑΔΟΝΙ Ε = ἰ[ν] τ[ύχαι] Ἀδώνι ε[ὐχάν], eine Weihung an Adonis oder Adon.

An derselben Stelle, Fig. 35, fällt uns eine kurze Inschrift sofort in die Augen.

Zwischen den beiden baumartigen Figuren des Bildes sind folgende Zeichen zu sehen:

Fig. 43. Nach Ohnefalsch-Richter, Kypros, die Bibel und Homer, II, Tafel CLI, Fig. 35.

also rechts E_{ε}, dann I_{i}, dann T_{τ}, dann eine dekorative Ausgestaltung von ꙮ = O_{o} und N_{ν}, so dass das ganze bedeutet:

E. I. T. ON. = ε[ὐχω]λ[ή] ἰ[ν] τ[ύχαι] ὀν[ήσιμος].

Eine Reihe interessanter Inschriften findet sich auf der vielbesprochenen Bronzeschale von Idalion, die bei Ohnefalsch-Richter a. a. O. I, S. 50 abgebildet ist. Auf der ganzen Schale zerstreut sieht man Einritzungen, die auf den ersten Blick als blosse Schrammen erscheinen, bei näherer Betrachtung aber hin und wieder einzelne Zeichen erkennen lassen, die zweifellos mykenische Schriftzeichen sind. Indessen ist fast überall so vieles davon unklar und verlöscht, dass Zusammenhängendes nur an wenigen Stellen und auch da nur mit Mühe und nicht ohne Zweifel herauszufinden ist. Eine Ausnahme machen fünf kleine Beischriften, die sich um die Hauptgruppe der bildlichen Darstellungen (Bild der Göttin und Altar) befinden und die schon mit blossem Auge sich erkennen, mit Hilfe eines Vergrösserungsglases aber klar und deutlich lesen lassen. Die erste (*a*) steht auf der erwähnten Abbildung zwischen der eine Doppelflöte blasenden Frauengestalt und der sitzenden Göttin,

also auf der rechten Seite. Die zweite, dritte, vierte sind in dem Raume zwischen der Göttin und dem Altare so angebracht, dass die zweite (*b*) neben der vorgehaltenen Hand der Göttin steht, die dritte (*c*) am Rande, mit diesem gleichlaufend, die vierte (*d*) rechts neben dem Altare. Die fünfte (*e*) befindet sich links neben dem Altare. Die letzten vier Beischriften gehören als Weihinschrift zusammen, während die ersterwähnte damit nichts zu thun hat, wahrscheinlich überhaupt von anderer Hand geschrieben ist. Ich lasse die fünf Beischriften vergrössert, im übrigen aber möglichst getreu in Fig. 44 so folgen, wie sie auf der erwähnten Abbildung stehen, und behalte auch die Lage der einzelnen Zeichen bei.

Die Inschrift Fig. 44ª ist mit dem Figurenkreise gleichlaufend angebracht, so dass bei der Stellung der Abbildung, auf die ich mich beziehe, die Zeichen wagerecht liegen und über resp. unter einander angeordnet sind. Dreht man die Schale so, dass die Zeichen senkrecht stehen, so beginnt die Schrift rechts, also mit dem in Fig. 44ª oben stehenden Zeichen. Dieses ist unverkennbar H_{16}, darunter folgt I_{23}, dann N_{20}, dann E_{24}, dann [Zeichen], also eine Form von A_{15} (oder Silbenzeichen für ΑΞΙ), darunter steht [Zeichen] = [Zeichen] (O_{5}) und [Zeichen] (N_{2}). Die Beischrift heisst also: HINE AΞION[1] = ἦνε ἄξιον.

Fig. 44ᵇ zeigt eine in gleicher Richtung laufende Beischrift, deren erstes (oberstes) Zeichen I_{2} ist. Die schräge punktierte Linie, die sich nach dem darunter befindlichen Zeichen I_{2} zieht, scheint der Rest einer Linie zu sein, die mit dem ersten Zeichen N_{2} bildet. Unter dem zweiten Zeichen I_{2} sehen wir Σ_{18}. Die nun folgende Zeichengruppe ist durch die örtlichen Verhältnisse (die vorstehende Hand der Göttin) in ihrer Anordnung bedingt und zerfällt in zwei Teile: [Zeichen] = T_{19} und [Zeichen], bestehend aus [Zeichen] (P_{5}), [Zeichen] (A_{14}) und | (I_{2}), so dass alle Zeichen zusammen bedeuten: IN IΣTAPI = ἰν Ἴσταρι, wo ἰν als Dativ des Pronominalstammes ἰ- aufzufassen ist.[2]

Fig. 44ᶜ beginnt mit dem unteren Zeichen, welches eine Form von E_{28} ist. Das darüber stehende Zeichen besteht aus [Zeichen] = Δ_{10}, [Zeichen] = Λ_{18} und [Zeichen] = Λ_{9}. Daran schliesst sich wieder E_{28}. Dann folgt ein eigentümliches Zeichen, welches in seinem oberen Teile aus [Zeichen] = Y_{16}, im unteren Teile aus [Zeichen] = I_{4} besteht. Darüber steht [Zeichen] = A_{18}; dann folgt I_{2}. Das Zeichen I_{4}, welches eine dem kyprischen ja ganz gleiche Gestalt hat, bedeutet wahrscheinlich auch ursprünglich j.[3] So würde das ganze

[1] Vgl. den Wortlaut von Fig. 39, ἦνε· πῖε, der sich ebenfalls auf einer Trinkschale findet.

[2] Vgl. R. Meister, Die griechischen Dialekte, II, S. 281 f. Anm.

[3] Vgl. S. 13.

lauten: HΔΑΛΕΥΙΑΙ = ᾽Ηδαλιεujα oder ᾽Ηδαλιέϝιja.[1] ᾽Ηδαλιέϝja aber würde die richtige Femininform zu ᾽Ηδαλιεύς sein.

Fig. 44ᵈ beginnt rechts mit I_{2}. Das darauf folgende Zeichen [Zeichen] besteht aus [Zeichen] = T_{18} und [Zeichen] = O_{5}. Über dem letzteren Zeichen steht links wieder I_{2}; darauf folgt noch einmal dieses selbe Zeichen, dann eine Zeichengruppe, die aus [Zeichen] (aufrecht [Zeichen]) = P_{6}, [Zeichen] = E_{28}, [Zeichen] = O_{5} und [Zeichen] = I_{2} besteht, so dass die Beischrift lautet: I TOI IEPOI = ἰ[ν] τῷ ἰερῷ.[2]

Fig. 44ᵉ endlich beginnt oben mit E_{26}, darunter folgt T_{20}, darunter E_{26}, dann eine Form für T_{2} oder T_{20}, dann E_{26}, also im ganzen: ETETE = ἔτεισε.

Die vier zusammengehörigen in Fig. 44ᵇ—44ᵉ vorgeführten Beischriften ergeben also zusammen eine Weihinschrift für die idalische Istar:[3]

ἰν Ἴσταρι ᾽Ηδαλιέϝja ἰ[ν] τῷ ἰερῷ ἔτεισε.

In Fig. 45 gebe ich etwas vergrössert eine kleine Beischrift, die sich auf einer im übrigen halbbildlichen Weihung vorfindet, welche letztere weiter unten, Fig. 54, besprochen werden wird.

Fig. 45ª.

Fig. 45ᵇ.

Die Abbildung findet sich bei Ohnefalsch-Richter a. a. O. II, Taf. LXXIV, Fig. 4. Die Beischrift steht auf dem rechts unten sichtbaren Zeichen für Σ_{16} (einem Dreiblatte ähnlich) und ausserdem oben rechts am Rande; den ersterwähnten Teil derselben stelle ich (vergrössert) in Fig. 45ª, den zweiten in Fig. 45ᵇ dar.

[1] Hinsichtlich der in kyprischen Inschriften mehrfach erscheinenden Form ᾽Ηδάλιον u. s. w. für ᾽Ιδάλιον u. s. w. vgl. u. a. R. Meister, Die griechischen Dialekte, II, S. 245.

[2] Zu beachten ist hier wie in Fig. 44ᵇ die Unterbringung des vor P stehenden Vokales unter dem Bogen des Zeichens für P.

[3] Vgl. über diese u. a. Ohnefalsch-Richter, Kypros, die Bibel und Homer, I, S. 60 flg.

In Fig. 45ᵃ sehen wir rechts am Rande zuerst das Zeichen [Zeichen] = H_{80}; links, innerhalb der blattähnlichen Figur steht [Zeichen] = A_{13}, dann folgt [Zeichen] = Y_{14}, dann [Zeichen], bestehend aus [Zeichen] = P_{59}, [Zeichen] = O_{5} und [Zeichen] = N_{6}: zusammen HAYPON.

Fig. 45ᵇ beginnt ebenfalls rechts, wo zuerst [Zeichen] = E_{78} in die Augen fällt; dann folgt [Zeichen] = Y_{14}, dann [Zeichen] = [Zeichen] = NO. das vierte Zeichen ist [Zeichen] = A_{13}. den Beschluss macht [Zeichen] = I_{1}. zusammen EYNOAI. Beide Beischriften ergeben also im ganzen: HAYPON-EYNOAI = παῦρον-εὐνοᾶ. Es entspricht durchaus dem kyprischen Dialekt, wenn aus εὔνοια durch Wegfall des zu j gewordenen ι εὐνοᾶ entsteht.[1] Der Sinn würde auf das Weihgeschenk zu beziehen sein: zwar gering, aber mit Liebe; „klein, aber gut gemeint".

Eine einfache, aber durch die näheren Umstände doch interessante Beischrift steht an dem in Theben aufgefundenen Thonkästchen, welches bei Ohnefalsch-Richter a. a. O. II, Taf. CXXXIII. Fig. 1—4 abgebildet ist. An der vorderen Wand (Fig. 1) sehen wir links unten, am Beine des Kästchens die folgenden Zeichen:

Fig. 46

Der Anfang ist oben, wo der kurze Strich I_{1} bezeichnet: das darunter stehende Zeichen ist eine Form von T_{35}, das nächste eine etwas rohe Form von A_{13} (Axt): dann folgt O_{81}, dann N_{6}, dann E_{78}, dann T_{34} oder T_{35}. Das ganze heisst also I. T. A. ONET. = ἰ[ν] τ[ύχαι] ἀ[γαθᾶι] ὀνέ[θηκεν]. Interessant ist die Inschrift, insofern sie die Zusammengehörigkeit dieses Kästchens mit den kyprischen Fabrikaten, die bei Ohnefalsch-Richter damit zusammengestellt sind, beleuchtet. Denn die Präposition ἐν für ἐπὶ ist ausser dem kyprischen Dialekte zwar äolisch und thessalisch, aber für den speziell böotischen Dialekt nicht nachgewiesen.[1]

[1] Vgl. R. Meister. Die griechischen Dialekte. II, S. 256.

Auch die Andeutung von ἰν vor dem T weist auf den kyprischen Dialekt. Das Kästchen charakterisiert sich daher durch die Inschrift als kyprisch, und dies bestätigt also, was Ohnefalsch-Richter (a. a. O. II, Erläut. zu Taf. CXXXIII) aus dem Kunststile schliesst.

Die beiden Inschriften (Fig. 47a und b), die ich jetzt anschliesse, Graffiti, wie mehrere der zuletzt behandelten, haben ein besonderes Interesse teils durch den Fundort, teils durch die darauf erscheinende Bezeichnung der Gottheit. Beide befinden sich auf karthagischen Votivstelen der Tanit. Dass nun in Karthago sich mykenische Weihinschriften finden, kann an sich nicht besonders verwunderlich sein; wohl aber ist interessant, dass der Name der Tanit und zwar in Gleichsetzung mit Astarot hier in einer griechischen Inschrift erscheint, was bei den kyprisch-phönizischen Inschriften noch nicht constatiert ist.[2] Die erste dieser beiden Inschriften finden wir bei Ohnefalsch-Richter a. a. O. II, Taf. LXXXV, Fig. 2.

Auf den beiden Säulen, die zwischen den beiden Symbolen der Tanit stehen, sehen wir eine aus gekreuzten Linien bestehende Verzierung, die in der oberen Hälfte jeder Säule eine Unterbrechung zeigt. Hier steht nun auf jeder Säule eine mykenische Inschrift, und zwar links:

Fig. 47a.

[1] Vgl. R. Meister, Die griechischen Dialekte, I, S. 283.
[2] Vgl. Ohnefalsch-Richter, Kypros, die Bibel und Homer, I, S. 309.

Das unterste Zeichen besteht aus = T und = A; das darüber stehende etwas roh geratene Zeichen ist = N; darüber sehen wir = I, den oberen Abschluss bildet eine Form von T. Das ganze Wort heisst daher: TANIT.

Die Inschrift auf der rechts stehenden Säule beginnt oben und hat folgende Zeichen:

Fig. 47.

Das oberste Zeichen ist A, dann folgt Σ, dann = und = T und A, dann = und = P und T mit = O. Alle Zeichen zusammen heissen also:

ΑΣΤΑΡΩΤ = Ἀσταρώτ.

Die zweite Inschrift steht ebenda Fig. 8. Sie steht auf dem wagerechten Arme der Göttin und hat (etwas vergrössert) folgende Gestalt:

Fig. 48.

Rechts ist zuerst T, dann A, dann N, dann I, dann T zu sehen, also TANIT. Dann folgt eine Form von E(H) oder E, dann I, dann Σ, dann T, dann E, dann A, dann P, dann eine Form von O, (verdoppeltes Zeichen O), dann T. Das ganze heisst also:

TANIT H ΙΣΤΕΑΡΩΤ = Τανίτ ἡ Ἰστάρώτ.

Eine andere Art von Weihinschrift, die nach einer andern Seite Interesse hat, folgt in Fig. 49. Sie stammt aus Arados und findet sich auf einem Marmorrelief, das verkleinert bei

[1] Hier als Zeichen des Hauchlautes aufzufassen.

Ohnefalsch-Richter a. a. O. II. Taf. LXXXVII. Fig. 10 abgebildet ist.

Es handelt sich in diesem Falle nicht sowohl um eine Inschrift, als vielmehr um eine Anzahl kleiner, fast gleichlautender Beischriften, die auf dem Relief verstreut sind. Zuerst fällt die in die Augen, welche sich auf dem glatten Teile des Flügels des links stehenden Greifen findet: es ist folgende:

Fig. 49.

Beginnen wir unten, so haben wir zuerst T, und zwar ähnlich, wie wir es schon oben bei den troischen Inschriften fanden, mit = I verbunden. Dann folgt I, dann O, dann N und I, so dass die Beischrift heisst TI IONI = τί [= τοῖ] Ἰωνι.

Dasselbe, aber in etwas anderen Schriftzügen, steht im Kopfe desselben Greifen:

Fig. 50.

Oben ist das Zeichen T zu sehen, darunter (klein) O, daneben = I, darunter eine Verbindung von = O, = N, und = I, also TO IONI = τὸ [= τοῦτο] Ἰωνι.

Im Kopfe des rechts stehenden Greifen sehen wir folgende Beischrift:

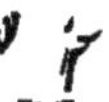

Fig. 51.

Das oberste Zeichen ist eine Verbindung von T (in derselben Form wie oben auf der aegyptischen Schale — zweite

Lanzenspitze von links) und $O_{[illegible]}$ = TO. Rechts daneben $I_{[illegible]}$, darunter $O_{[illegible]}$, darunter $N_{[illegible]}$, links daneben $I_{[illegible]}$. Also heisst auch diese Beischrift: TO IONI = τὸ Ἴωνι.

Auf der Volute des Säulenkapitells in der Mitte steht diese Zeichengruppe:

Fig. [illegible]

bestehend aus [illegible] = $I_{[illegible]}$, [illegible] = $O_{[illegible]}$, [illegible] = $N_{[illegible]}$ und [illegible] = $I_{[illegible]}$, daher = IONI = Ἴωνι. Ebenso steht in der halben Volute rechts oben:

Fig. [illegible]

Rechts sehen wir $T_{[illegible]}$, links folgt [illegible], bestehend aus [illegible] = $I_{[illegible]}$, [illegible] = $O_{[illegible]}$ und [illegible] = $N_{[illegible]}$; links am Ende steht [illegible] = $I_{[illegible]}$. Demnach das ganze: T. IONI = τ.[ὸ] Ἴωνι.

In ähnlicher Weise, doch nicht überall deutlich genug, findet sich noch vielfach diese Beischrift auf Stellen, die zur Anbringung geeignet schienen. Aber ausser diesen Beischriften, die ihre Entstehung offenbar sehr verschiedenen Händen verdanken, enthält auch das Relief selbst dieselbe Weihung von vornherein. Die Voluten des obersten Frieses nämlich geben in den vertieften Teilen der senkrechten Ornamente dieselben Worte. Ich lasse diese Inschrift hier nur aus der linken (vollständigen) Volute folgen:

Fig. [illegible]

Rechts sehen wir $T_{[illegible]}$ mit [illegible] = $O_{[illegible]}$ = TO, links daneben $I_{[illegible]}$, dann [illegible] = $O_{[illegible]}$ mit [illegible] = $N_{[illegible]}$, am Ende [illegible] = $I_{[illegible]}$, also IONI, so dass das ganze τὸ Ἴωνι lautet.

Von den vielen Beischriften will ich nur noch eine erwähnen, weil sie dieselbe Ligatur für ω zeigt, wie die oben behandelte Inschrift. Sie steht über der ersten Palmette rechts, etwas links von der Mittellinie des Ornaments und hat folgende Gestalt:

Fig. [illegible]

also rechts $I_{[illegible]}$, dann $O_{[illegible]}$ mit $N_{[illegible]}$, links $I_{[illegible]}$ = IONI.

Das Relief scheint ein Grabschmuck gewesen zu sein; Grabspenden, die dem dort Bestatteten, der Ion hiess, gebracht wurden, sind jedesmal durch eine Beischrift markiert. Die vielfältige Darstellungsweise derselben Zeichengruppe hat ihren Grund vermutlich in der individuellen Verschiedenheit der Spender. Man kann sich etwa denken, dass der Bestattete ein vielleicht auf einer Reise in Arados gestorbener Grieche war, dem vorbeireisende Griechen nach alter Sitte Grabspenden brachten und die dies constatierende Beischrift auf die Stele setzten. Dadurch ist hier geradezu eine Sammlung von Zeichen- und Ligaturformen entstanden.

Zum Schlusse füge ich noch eine Weihinschrift hinzu, die auf einer rhodischen Weinkanne steht. Am Bauche und auf dem Blatte des springenden Hirsches sehen wir weiss auf schwarz folgende Inschrift:

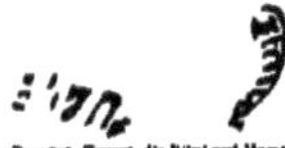

Fig. 50. Nach Ohnefalsch-Richter, Kypros, die Bibel und Homer, II, Tafel XXXIX, Fig. 9.

Links oben sehen wir $E_{[illegible]}$, schräg darunter $N_{[illegible]}$, darunter $I_{[illegible]}$, dann zweimal $I_{[illegible]}$, dann $A_{[illegible]}$, dann $P_{[illegible]}$, dann den Pfeil, das Silbenzeichen für OI = ENI HAPOI.

Der zweite Teil der Inschrift beginnt unten mit $I_{[illegible]}$, dann zweimal $O_{[illegible]}$ = Ω, dann [illegible] = $N_{[illegible]}$. Darüber steht $E_{[illegible]}$, dann folgt $T_{[illegible]}$, dann eine Verbindung von [illegible] ([illegible]) = $T_{[illegible]}$ und [illegible] = $O_{[illegible]}$.

Dieser Teil lautet daher:

IΩN ET TO.

Demnach heisst die ganze Inschrift:

ENI IIAPOI IΩN ET TO = ἐπὶ ἱαρῷ ἰὼν ἐπ[ήκοα] τὸ [ἀνατέθη].[1]

Hiermit schliesse ich die Reihe derjenigen Inschriften, deren Zeichen mit ganz vereinzelten Ausnahmen sich deutlich als Schriftzeichen charakterisieren. Ich hoffe, dass in der vorstehenden Erörterung dieser Inschriften trotz des Schwankens einiger Einzelheiten doch wenigstens das klar geworden ist, dass ihnen die am Anfang aufgestellte Zeichenreihe zu Grunde liegt, dass sie in griechischer Sprache abgefasst sind, und dass demnach der Inhalt im überwiegend grössten Teile richtig dargestellt ist. Dies aber ist gerade das Entscheidende und Wichtige, während die Lesung der wenigen schwierigen Stellen, deren Erkennung nicht ausser Zweifel steht, doch für den vorliegenden Zweck nur von untergeordneter Bedeutung ist. Denn das erste Erfordernis zur Entzifferung von Inschriften ist, dass man den Schlüssel besitzt; in zweiter Reihe muss dann entschieden werden, welche Anwendung der Schlüssel erfahren soll. Und dass wir in der vorbesprochenen Zeichenreihe und der Eigenart ihrer Ligaturen den Schlüssel zu den in mykenischer oder aegaeischer Schrift geschriebenen Inschriften besitzen, das denke ich, ist aus dem Vorstehenden klar geworden. Denn erstens hat sich ergeben, dass Form und Lautwert jener Schriftzeichen sich auf das Einfachste mit Form und Lautwert eines sehr grossen Teiles der kyprischen Silbenzeichen vereinigen lässt. Zweitens zeigen die linearen Endformen der mykenischen Zeichen eine schlagende Übereinstimmung mit den Alphabetzeichen der Griechen und Phönizier, so dass ein Durchgang der mykenischen Zeichen durch das phönizische Schriftsystem und eine Zurückgabe an die nachmykenischen Griechen anzu-

[1] Hinsichtlich des böotisch-dorischen ἱαρός für ἱερός und ἰὼν für ἐγὼν s. R. Meister, Die griechischen Dialekte, I, S. 214 und 273.

nehmen war. Drittens erwies sich für die einzelnen Zeichen bei Anwendung auf das vorhandene Inschriftenmaterial stets ein und derselbe Lautwert als deckend. Fernere Beweise könnten nur durch zweisprachige oder zweischriftige Inschriften gegeben werden, deren Auffinden nicht in unserer Gewalt steht, sondern abgewartet werden muss.[1]

Nachtrag.

Bei Perrot-Chipiez, Histoire de l'art dans l'antiquité, III, S. 309, Fig. 232 findet sich die Abbildung einer karthagischen Votivstele aus Lilybäum, welche unter einem Relief, darstellend eine Opferscene, eine kurze Weihinschrift trägt, in der als Weihender Hannon, Sohn des Adonbaal, sich nennt. Die mit der Inschrift versehene Fläche zeigt auch einige Graffiti in mykenischer Schrift, unter denen eine, zwischen dem letzten und vorletzten Worte befindliche am ersten in die Augen fällt. Es ist folgende:

Das oberste Zeichen ist A_{12},[2] darunter E_{26}, dann folgt die bekannte Ligatur ♉ = ON oder NO (je nach der Stellung) mit angehängtem ϒ = N_{27}, dann I_{6}, zuletzt T_{28}; die Inschrift lautet also:

A'ENONI T. = Ἀ'ν[ν]ωνι τ.[ό].

[1] Nachdem ich bereits das Manuskript abgeschlossen, fand ich noch eine kleine Inschrift dieser Art, deren Besprechung ich in einem Nachtrage zum I. Teile dieser Schrift hierunter folgen lasse.

[2] Wie schon oben in einem andern Falle (Fig. 68) haben wir in diesem Zeichen den Hauchlaut zu erkennen, den der Grieche für den semitischen Kehllaut setzte, welcher mit dem A-Laute verbunden war.

Unter der zweiten Zeile der karthagischen Inschrift, zwischen dem zweiten und dritten Zeichen von rechts, steht folgende Zeichengruppe:[1]

bestehend aus [Zeichen] = A_{11}, [Zeichen] = N_{7}, [Zeichen] = O_{5}, [Zeichen] = N_{6} und [Zeichen] = I_{6}, also mit dem Lautwerte: ANONI = Ἀν[ν]ων.

So gering an sich der Umfang dieser beiden Beischriften ist, so wichtig sind sie doch. Denn sie sind bis jetzt die einzigen, bei denen durch eine bekannte Schrift der Lautwert bestätigt wird, den wir nach den vorausgehenden Erörterungen diesen Zeichengruppen beilegen müssen. Ferner wird hier der Wert einer im Vorausgehenden häufig erscheinenden Ligatur bestätigt. Schliesslich finden wir auch für das Variieren der Ligaturformen mit gleichem Lautwerte in unserem Beispiele die sichere Bestätigung.

Über den ursprünglichen Zweck dieser Beischriften lässt sich mancherlei vermuten; doch halte ich es nicht für angezeigt, hier näher auf diese Frage einzugehen.

Noch zwei interessante Inschriftengruppen schliesse ich in diesem Nachtrage an, die dadurch von Wichtigkeit sind, dass sie einander ergänzen. Beide gehören Phrygien an und sind von mir dem Werke von Perrot und Chipiez entnommen, wo sie im V. Bande unter der Abteilung Phrygien zu finden sind. Die erste ist abgebildet a. a. O., T. 98, Fig. 57. Die Hauptinschrift steht an einer Wand des Delikli-tach und hat folgende Gestalt:

Beginnen wir mit der rechten Zeichengruppe, so sehen wir, dass sie aus [Zeichen] = T_{21}, [Zeichen] = A_{11} und [Zeichen][1] = I_{6} besteht. Links unten erkennen wir eine Form für [Zeichen] = O_{7}, darüber [Zeichen][1] = I_{6}.

[1] Sämtliche Zeichen dieser Inschrift sind mit Doppellinien dargestellt; daher steht diese Doppellinie auch für den einfachen geraden Strich.

Hinsichtlich des I der ersterwähnten Gruppe kann man schwanken, ob man es zu A oder T ziehen soll. Nach Analogie anderer Fälle, die wir hier noch durch besondere Beweise bestätigt finden werden, gehört es zu T, und die Inschrift heisst: TI AΩI = τ[οῦ] Ἀῷ.

Eine Reihe von Graffiti, die auf der Wand, die diese Inschrift trägt, zwischen den grossen Zeichen vorhanden sind, bestätigen diese Lesung. Ich hebe als die leserlichsten folgende hervor.

Sie stehen ungefähr an den Stellen, die in der vorhergehenden Figur mit den entsprechenden Buchstaben bezeichnet sind.

Die Zeichengruppe *a* besteht aus [Zeichen] = T_{7} und [Zeichen] = A_{1a}, denen links [Zeichen] = OI angeschlossen ist = TAOI. Die Gruppe *b* enthält [Zeichen] = T_{2a}, [Zeichen] = A_{1b}, [Zeichen] = O_{5} und [Zeichen] = I_{6} = TAOI. Die Gruppe *c* zeigt rechts E_{2a}, links daneben A_{1a}, links daneben [Zeichen] = O_{5} und darüber I_{6} = E AOI = ἐ[...] Ἀῷ. Gruppe *d* zeigt rechts [Zeichen] = T_{2}, daneben [Zeichen] = O_{4} und [Zeichen] = I_{6}; dann folgt A_{1a}, an welches sich [Zeichen] = O_{5} mit I_{6} anschliesst = TOI AOI = τῷ Ἀῷ. Gruppe *e* beginnt rechts mit T_{6}, dann folgt [Zeichen] = A_{1a}, dann [Zeichen] = O_{4} mit I_{6} = T AOI. Gruppe *f* hat rechts I_{6}, dann A_{1b}, dann [Zeichen], bestehend aus [Zeichen] = O_{5} und [Zeichen] = I_{6}; das ganze = I AOI = ἐ[ν][1] Ἀῷ. Gruppe *g* endlich beginnt mit [Zeichen] = ON, vermehrt um [Zeichen] = I_{5} = ION; dann folgt A_{1b}, dann O_{c}, dann I_{6} = ION AΩI = ἰὼν Ἀῷ.

Eine Vergleichung dieser Beischriften beweist, dass es sich um ein Heiligtum des Ἀῷ, d. h. des Adonis handelt.

[1] Oder ἐ[άν].

Die zweite Inschriftengruppe steht a. a. O., S. 153, Fig. 108 und befindet sich an Arslan-Kaia. Auf der Abbildung sieht man die linke Innenwand des kammerähnlichen Raumes und entdeckt hier folgende Zeichen (weiss auf schwarzem Grunde):

von rechts nach links gelesen I_a N_e T_g A_{18} O_b I_c = IN TAOI = ἐν τ.[ῷ] ᾽Αθᾶι. An den Aussenwänden neben der Thür sehen wir eine grössere Zahl von Graffiti, von denen folgende deutlicher erkennbar sind:

a ([illegible]). b ([illegible]).

c ([illegible] — zwischen a und b). d (unter c).

Die Gruppe a sieht der Gruppe a der vorigen Inschriftenreihe ausserordentlich ähnlich, nur ist die Verbindung von T und A so hergestellt, dass das Zeichen für A das Zeichen für T überragt. Ausserdem befindet sich am Fusse der Ligatur noch ꟻ = I_a mit N_e[1]; die Gruppe lautet daher: IN TAOI.

Die Gruppe b beginnt rechts mit der Ligatur I_c und N_e[1]; daneben steht T_g, dann folgt A_{18}, dann Ƨ, die bekannte Ligatur für OI; also heisst auch diese Gruppe IN TAOI.

Die Gruppe c beginnt mit N_e, dann folgt eine Form für T_{8m}, dann [Zeichen] = A_{7b} (= [Zeichen]), dann [Zeichen] = [Zeichen] = O_1O_1, dann [Zeichen] = I_1, also im ganzen N TAOI. Dasselbe bedeutet Gruppe d, welche rechts mit I_aN_e beginnt; links folgt eine rohe Wiedergabe von [Zeichen] = A_1; es schliesst sich an [Zeichen] (= ∩ ∩) = O_bO_b und endlich I_e. Alle vier Beischriften heissen also: ἐν (oder ἐν) τ.[ῷ] ᾽Αθᾶι, wo ἐν vermutlich abgekürzt ist für [illegible] = [illegible]. Vielleicht ist auch das T nicht Abkürzung des Artikels, sondern ist mit ἐν zusammen als [illegible] für [illegible] zu nehmen.

[1] Oder als Rest von IN nur N_e.

Für den grundlegenden Teil unserer Untersuchung über die mykenische Schrift, die Beschaffung des Schlüssels, ist also hiermit der Beweis geliefert, und wir können nun zu der Erörterung eines eigenartigen Zweiges der Entwickelung der mykenischen Schrift übergehen, dessen Eigentümlichkeit sich am besten durch Beispiele darstellen lässt.

II. Inschriften in halbfigürlicher Form.

Wir fanden schon unter den bisher behandelten Inschriften solche, in denen sich an einzelnen Zeichen eine Neigung bemerklich machte, das Schriftzeichen in eine figürliche Form zu bringen, gewissermassen es in einer Verkleidung zu verhüllen. Eine solche figürliche Gestaltung ist nicht der ältesten Figürlichkeit der Schriftzeichen gleichzusetzen, bei welcher der Gegenstand als Zeichen für den Anlaut seiner Benennung gesetzt wird, sondern es handelt sich hier um eine sekundäre Verbildlichung, welche dem schon linear gewordenen Zeichen, seiner Gestalt angepasst, gewissermassen aufgezwungen wird. In den vereinzelten Fällen, die uns bisher begegneten, konnte man sowohl bei den Siegeln wie bei den Weihungen als Erklärungsgrund der Erscheinung die Absicht vermuten, die Schriftform individuell zu gestalten, um dadurch das persönliche Element des Besitzers oder Darbringers und Bittstellers hinzuzubringen, was in späterer Zeit der Name thut, der ja sehr bemerkenswerter Weise zu jenen alten mykenischen Weihungen und Siegelinschriften ebensowenig zugesetzt ist wie in solchen Beischriften, welche Eigentumsbezeichnungen enthalten[1], sehr abweichend von der Gewohnheit anderer Völker, z. B. der Assyrer.

[1] Möglicherweise liegt der Grund dieser auffälligen Erscheinung in abergläubischen Rücksichten, etwa um nicht seinem Feinde Gelegen-

Was nun in den von uns bisher erörterten Inschriften nur hin und wieder auftrat, findet sich in einer Reihe anderer mehr durchgeführt, doch immer noch so, dass das lineare Element deutlich zu Tage tritt.

Ich beginne mit Vorführung einer Reihe von Inschriften, die in dem Werke von Ohnefalsch-Richter (Kypros, die Bibel und Homer) veröffentlicht sind.

Fig. 51. Nach Ohnefalsch-Richter, Kypros, die Bibel und Homer, I. S. 84, Fig. 62.

Die Verzierung dieses Cylinders besteht in Schriftzeichen, denen durch Verzerrung und Anordnung das Aussehen einer Art von Muster gegeben ist. Die Inschrift beginnt rechts, wo uns zuerst ein Zeichen auffällt, welches offenbar eine Verzerrung von [Zeichen], also A_{1a} ist. An das obere Ende des Axtstiles schliessen sich zwei kleine Zeichen an: [Zeichen] = I_a und N_e, bei denen die Lesung überhaupt beginnt; bis hierher lesen wir also IN A. Das grosse Zeichen links neben dem ersten Zeichen, in der Mitte des Ganzen hat als Hauptbestandteil [Zeichen], offenbar eine Form für [Zeichen] = T_{1e}; in Verbindung damit steht Y = Y_{1d}. Das Zeichen heisst daher TY. Links daneben oben finden wir [Zeichen], eine Verzerrung von [Zeichen] = H_{2a}, darunter ein Zeichen, welches in regelmässige Form übertragen [Zeichen] = O.I. bedeutet. Unten steht [Zeichen] = ΓΓ = E_{2a} und darüber, dicht unter dem Zeichen

heit zu geben, an dem geschriebenen und dadurch preisgegebenen Namen Fluch oder Zauber zu üben. Ich erinnere hier an die Vorsicht, mit der Odysseus auch unter fremden Menschen seinen Namen verbirgt und an die verhängnisvollen Folgen, die die Vernachlässigung dieser Vorsicht bei der Flucht von der Kyklopeninsel nach sich zieht.

für H_{2a} wieder O = O_a. Die zuletzt erörterte Zeichengruppe bedeutet also: HOIEO. Das Zeichen links am Ende ist wohl zweifellos eine dem Stile des vorliegenden Musters angepasste Ausgestaltung von [Zeichen] = E_{1e}. Somit ergiebt sich als Bedeutung der ganzen Inschrift:

IN A. TY. HOIEO E_a = ἐν ἀ[γαθαῖ] τύ[χαι] ποιῶ ε[ὐχήν].

Das in diesem Falle angewendete ornamentale Prinzip besteht in einer gewissen Verzerrung und Zusammensetzung der trotzdem noch gut erkennbaren Schriftzeichen zu einem linearen Muster. Etwas weiter geht die bei Ohnefalsch-Richter an derselben Stelle, Fig. 63, abgebildete Inschrift eines kyprischen Cylinders (Fig. 52).

Fig. 52. Nach Ohnefalsch-Richter, Kypros, die Bibel und Homer, I. S. 84, Fig. 63.

Hier tritt schon das Bestreben auf, eine rohe menschliche Figur aus den Schriftzügen zu bilden. Die Inschrift beginnt rechts mit einer Figur, die nichts ist als eine dekorative Verbindung von Schriftzügen. Sie besteht aus 1) [Zeichen] = [Zeichen] = T_{1e} und [Zeichen] = OI = TOI; 2) [Zeichen] = [Zeichen] = T_{1e}, [Zeichen] = E_{2a}, O = O_a und / = I_e = TEOI, so dass die ganze Gruppe heisst TOI TEOI.

Die rohe menschliche Figur links mit ihrem unklaren Zubehör zerlegt sich in [Zeichen] = E_{2a}, [Zeichen] = H_{2a}, [Zeichen] = O_b = E. HO. Darüber finden wir Y = Y_{1e} und [Zeichen] = T_{2d} = TY. Links neben dem zuletzt genannten Zeichen (in Ligatur damit) [Zeichen] = N_a; dann als Abschluss [Zeichen] = [Zeichen] = O_a mit / = I_e und [Zeichen] = N_e = NOIN. Das ganze lautet also:

TOI TEOI EY. HO. TY. NOIN =
τῷ Τεῷ εὐ[χὴν] πο[ιῶ] τύ[χη] νόον.

Von grossem Interesse für die Entwickelung der sekundären figürlichen Umgestaltung der Schriftzeichen ist die Inschrift Fig. 53.

Fig. 53.
Nach Ohnefalsch-Richter, Kypros, die Bibel und Homer, II, Taf. CXXI, Fig. 4.

Das ganze Feld ist in vier senkrechte Streifen geteilt, die ebensoviele Zeilen darstellen. Die erste Zeile rechts, die wir von unten nach oben lesen, enthält zweimal ein Zeichen, welches eine Ligatur von A_{18} und — = I_{5} ist = AIAI. Die zweite Zeile ist von einer Wellenlinie ausgefüllt, die eigentlich nichts anderes darstellt als die zweimal gesetzte Ligatur Ƨ = OI, in der Mitte durch eine kleinere Schlangenlinie zu einem Zeichen vereinigt, also OIOI. Die dritte Zeile enthält wieder wie die erste AIAI. Die vierte aber zeigt deutlich figürliche Gestaltung: oben einen Ochsenkopf mit einem Stern zwischen den Hörnern, unten einen Hund. Der Ochsenkopf nun repräsentiert linear [illegible] = [illegible] = N_{6}, O_{5} mit I_{4}, N_{6} = NOIN; der Hund repräsentiert den Linien nach [illegible] = $E_{[illegible]}$, $E_{[illegible]}$, N_{6}, O_{5}, I_{4}, N_{6} = E E NOIN. Das Kreuz zwischen Ochsenkopf und Hund deutet den Weg für den Leser an. Daraus ergiebt sich die Gesamtbedeutung: AI AI OI OI AIAI NOIN E E NOIN = αἰ αἰ· οἰ οἰ· αἰ αἰ νόον· ἒ ἒ νόον. Auf dem Cylinder steht also eine Totenklage eines Elternpaares, die den Laut der semitischen Totenklage „ailenu" in das Griechische gewissermassen übersetzt. Die figürliche Umgestaltung des [illegible] in den Ochsenkopf und des [illegible] in den Hund ist hier so durchsichtig, dass sie vor unsern Augen vor sich geht; besonders der Hund enthält höchstens am Kopfe eine kleine Linie,

die nicht nötig wäre, wenn die ihn bildenden Linien weiter nichts darstellen sollten als eine Ligatur. Als solche könnte das Zeichen genügen, wenn es diese Form hätte [illegible]. Also ist nur eine Ausgestaltung des Kopfes hinzugethan.

In ähnlicher Weise können wir die figürliche Ausgestaltung der Schriftzeichen bei dem folgenden kyprischen Cylinder, Fig. 54, durchschauen.

Fig. 54.
Nach Ohnefalsch-Richter, Kypros, die Bibel und Homer, II, Taf. LXXIV, Fig. 6.

Das Schriftartige der ganzen Darstellung springt auf den ersten Blick noch deutlich in die Augen, besonders da einige Zeichen sogleich noch als Schriftzeichen sich erweisen. Die Inschrift hat ihren Anfang rechts an dem Arme des Kandelabers (des Kultobjekts), welcher mit dem laubartigen Auswuchse eine Form von T_{20} darstellt. Das Auge ist dann = O_{2}, der mittlere Arm des Kandelabers I_{3}, das andere Auge wieder O_{2}, der linke Arm des Leuchters = I_{4}. Das Zeichen links oben besteht aus [illegible] = O_{2} und I_{4} und [illegible] = $E_{[illegible]}$; darunter erkennt man sogleich H_{14}, aber in Verbindung mit ʃ = I_{4}. Bis hierher heisst die Inschrift: TOI OIOI EIH. Dann folgt kleiner noch einmal H_{14}, dann [illegible] = ⅄, Ꭵ, ⌣ = Y_{16}, I_{4}, O_{5} = YIO. Den Schluss macht eine etwas ornamental gestaltete Form von $Σ_{[illegible]}$, so dass die ganze Inschrift lautet: TOI OIOI EIH ʽYIOΣ = τῷ οἴῳ εἴη υἱός, also Bitte eines Vaters um einen Stammhalter für seinen einzigen Sohn. Auf diesem Cylinder befinden sich ausserdem zwei kleine rein lineare Beischriften; vgl. Fig. 45.

Auch bei der Inschrift Fig. 55 sind einzelne Zeichen noch als Schriftzeichen sogleich zu erkennen; indessen hat hier das figürliche Element schon bedeutend weiter um sich gegriffen als bei den vorhergehenden. Die Inschrift beginnt rechts oben, wo die Beine des vogelähnlichen Gegenstandes ΠΓ, d. h. E_{76} bezeichnen; der gespaltene Schwanz desselben Tieres ergiebt $\succ$— $= Y_{14}$; die stark gebogenen Hörner des daneben stehenden

Fig. 55.
Nach Ohnefalsch-Richter, Kypros, die Bibel und Homer, II, Taf. XXVIII, Fig. 5.

Tieres bilden eine Form von H_{78}, der gekrümmte Arm des Mannes ist = ◡ = O_{8}, der Stab darüber ist = — = I_{3}, das Gesicht des Mannes = ⊭ = E_{78}, der andere Arm mit dem Kreise = O_{3} und ◡ = O_{8}. Daher heisst die obere Zeile: EY. HOIEΩ. In den Leib des Mannes sind folgende Zeichen eingeschrieben ☰ = Y_{16} I_{3} E_{78} = YIE; die Beine ergeben eine Andeutung von A_{r}. Schwanz und Hinterbein des Hirsches ergeben ⊱ = T_{74}, die beiden Hinterbeine ΠΠ = E_{94}, das gekrümmte Vorderbein ist ◞ = O_{8}; rechts davon, unten, sieht man das Zeichen ⊥ = Σ_{18}; die durch den Hirsch dargestellte Zeichengruppe (ohne das Geweih) heisst also: TEO; dazu Σ. Das Geweih des Hirsches ist das Silbenzeichen EA, Vorderbeine und Hinterbeine des Ochsen ergeben ΠΠ ΠΠ = EE(H); der Schwanz ist \ = I_{0}. Die Inschrift heisst daher:

EY. HOIEΩ YIEA TEOΣ EAE HI = εὐ[χ]ὴν ποιέω-υἱέα τεὸς ἐλε[ῆ].

Auch kurze Aufschriften von Vasen u. dergl. gehören hierher, wie sie bei Ohnefalsch-Richter a. a. O. II, Taf. CXLIX, Fig. 6 und 13 abgebildet sind, und die ich hier unter Fig. 56 und 57 folgen lasse.

Die Darstellung (Fig. 56) ahmt im unteren Teile in roher Form einen Hirsch nach; doch sind die Schriftzeichen noch deutlich zu Tage liegend. Der oberste Teil ist das Silbenzeichen ΔE;

Fig. 56.
Nach Ohnefalsch-Richter, Kypros, die Bibel und Homer, II, Taf. CXLIX, Fig. 6.

das Hirschgeweih ist EA, die Vorderbeine ΠΠ = E_{90}, dann folgt $\succ$ = N_{n}, dann wieder ΠΠ = E_{90}, während der Schwanz I_{4} abgiebt, so dass das ganze heisst: ΔE. EAENHI = δε. Ἑλένη, wobei ich die Ergänzung des ersten Wortes als zweifelhaft unterlasse.

Fig. 57.
Nach Ohnefalsch-Richter, Kypros, die Bibel und Homer, II, Taf. CXLIX, Fig. 13.

Die deutlich wahrnehmbare Rückwendung des oben dargestellten Tieres (Fig. 57) bedeutet Y_{7}, der Hals \ = I_{6}, die Beine zweimal E_{38}, der Schwanz I_{7} = YIEEI. Darunter links ∩ = O_{5}, die Kette = — = I_{5}, dann C und) =OI. Also das ganze: YIHI OIOI = υἱέϊ, οἴῳ.[1]

Ähnliche kurze Eigentumsbezeichnungen finden sich öfter verbildlicht, und man kann den Weg von der gröbsten Annäherung der Umrisse bis zu rein körperlicher Darstellung in diesem Falle leicht verfolgen. Ich erörtere im folgenden einige Beispiele dieser Art, wie sie bei Ohnefalsch-Richter a. a. O. II, Taf. LXXIII, Fig. 6 und 7 und Taf. CXXXIII, Fig. 6, 8, 5ᵇ zu finden sind. Die erstgenannten Figuren

Fig. 58ᵃ. Fig. 58ᵇ.
Nach Ohnefalsch-Richter, Kypros, die Bibel und Homer, II, Taf. LXXIII, Fig. 6 u. 7.

stellen in den allergröbsten linearen Umrissen den menschlichen Körper dar. Fig. 58ᵃ zeigt an dem erhobenen Arm der Gestalt ▦, also E_{18} = E; der gekrümmte Arm ist Ligatur von (= ◡ und ⋏ = T_{9} = TO. Der oberste Teil ⊤ ist ⊤ = T_{9} und ⌣ = E_{34}. Der andere Arm bildet ◁ = O = O_{4}, die Beine ergeben ∧ = N_{9}. Das ganze heisst: E. TO TEON = ἐ[στὶ] τὸ τεόν, als Aufschrift einer Grabvase.

Fig. 58ᵇ gehört nicht dem mykenischen, sondern dem kyprischen Schriftsystem an. Die Hände ahmen ✱ = E nach, der Oberkörper ergiebt ▽ = MO. Von rechts nach links oder auch umgekehrt gelesen heisst das Zeichen also EMO. E. = ἐμό[ν] ἐ[στὶν].

Interessant sind die a. a. O., Taf. CXXXIII Fig. 6, 8, 5ᵇ vorgeführten Bilderschriften dieser Art, die hier unter Fig. 59 a, b, c folgen.

[1] Oder YIEFI = υἱέϝι. Die in Fig. 57 noch ferner dargestellten Tierbilder (rechts unten) sind in meiner Deutung nicht berücksichtigt.

Fig. 59ᵃ ist eine rohe Zeichnung einer menschlichen Figur. Die Hände bedeuten Ɛ = E_{8a}, die Brüste, die durch Hakenkreuze markiert sind, heissen M_{8a} oder M_{8b}, der Kopf ist O_{8}, die Beine bilden ∧ = N_{9}, so dass auch hier die Bedeutung des ganzen ist EMON E. = ἐμὸν ἐ[στὶν]. — In Fig. 59ᵇ ist schon sichtbar, wie in diesem Falle die Bedeutung der Hakenkreuze,

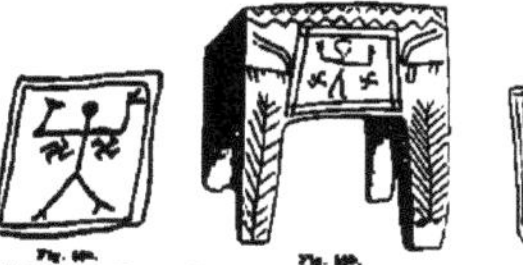

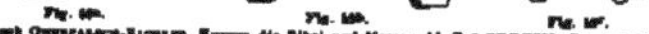

Fig. 59ᵃ. Fig. 59ᵇ. Fig. 59ᶜ.
Nach Ohnefalsch-Richter, Kypros, die Bibel und Homer, II, Taf. CXXXIII, Fig. 6, 8, 5ᵇ.

als Marke der Brust, vergessen ist, so dass sie unten neben den Beinen erscheinen. In anderer Weise erregt Fig. 59ᶜ das Interesse. Hier ist nämlich die ursprüngliche rohe Linearzeichnung in volle Körperlichkeit übergegangen, aber mit Bewahrung des Verständnisses für die schriftliche Bedeutung; denn die Brüste der menschlichen Figur, die das M bedeuten sollen, sind besonders deutlich hervorgehoben.

Das figürliche Element ist mit den Schriftzeichen recht auffällig vermengt in folgendem Beispiele (Fig. 60).

Fig. 60.
Nach Ohnefalsch-Richter, Kypros, die Bibel und Homer, II, Taf. CLI, Fig. 13.

Die Inschrift beginnt rechts unten, wo die Beine der rohen Linearfigur ⋌ = T_{18} bilden. Arme und der dazwischenliegende Oberleib sind ⊓⊓ = E_{38}, der Kopf bildet das Zeichen

= Y_{16}; links daneben schwebt das Zeichen = X_1; die darunter befindliche Hand bildet eine Form von E_9, der Kopf des zweiten Mannes = N_6. Bis dahin ist der Wortlaut also T. EYXHN. Die stark gekrümmten Beine der zweiten Figur ergeben eine Form von H_{24}; der gekrümmte Arm darüber O_6, der Leib I_5, die links befindliche Hand wieder E_9, links daneben als Halbmond O_6 = HOIEΩ. Links daneben befindet sich ein kompliziertes Zeichen, dessen rechte Ecke Σ_{16} zeigt. Darüber ein kleines Zeichen = = Y_{16} und N_6 = ΣYN. Das Hauptgerüst des grossen Zeichens bildet = T_{16}; der untere Teil wird durch gebildet A_1. Links nach oben folgt dreimal hinter einander = O_6 und I_5 = OIOIOI; darunter bildet das untere Ende der Figur noch das Zeichen = und = TO.

Die Inschrift hat im ganzen diesen Wortlaut:

T. EYXHN HOIEΩ ΣYNT. A. TOI OIOI =

τ.[ὐχ][1] εὐχὴν ποιέω σὺν τ.[ύχη] ἀ.[γαθῆ] τῷ οἴῳ.

Die bisherigen Beispiele zeigten die Vermischung von figürlichen und linearen Bestandteilen so deutlich, dass ein Zweifel daran eigentlich ausgeschlossen ist. Auch konnte man den Übergang der linearen Figur des Schriftzeichens in eine demselben angemessene körperliche Gestalt gut verfolgen. Indessen sind wir in der glücklichen Lage, diese Umbildung der Schriftzüge in gegenständliche Darstellungen auch ausserhalb des mykenischen Schriftsystems, nämlich an kyprischen Zeichen als ferneren Beweis für diesen Vorgang zu erweisen. Bei Ohnefalsch-Richter finden wir a. a. O. ein recht durchsichtiges Beispiel dieser Art, welches Taf. XXVIII, Fig. 18 abgebildet ist, und welches ich des Vergleiches halber in Fig. 61 folgen lasse.

Die Abbildung stellt ausser der Aschera lauter menschliche Gestalten dar. Überall aber fallen sofort als Inhalt der Figuren kyprische Schriftzeichen in die Augen. Die Inschrift

[1] Oder τ.[ύχ].

beginnt rechts oben, wo wir sogleich im Oberkörper der ersten Figur das Silbenzeichen = TH oder TE entdecken; daneben folgt = = TΩ; der obere Teil der Aschera ist durch das Zeichen = = ΣY gebildet. Dann folgt = NE; links daneben steht = TA; ganz links folgt = HO. Die

Fig. 61. Nach Ohnefalsch-Richter, Kypros, die Bibel und Homer, II. Taf. XXVIII, Fig. 18.

untere Zeile beginnt mit , einer Nachahmung von , rechts daneben = Y; den Abschluss bildet das Fussgestell der Aschera = = TY, sodass die Inschrift lautet:

TE TΩ ΣYNETAHO EY TY =

τε.[ῷ] τῷ[ν] συντά[ν] πο.[ιέω] εὐ.[χὴν] τύ.[χαι].

Im folgenden werden wir uns nun wieder zu den von Evans veröffentlichten mykenischen Inschriften wenden, und zwar werden wir aus der ersten Reihe, die Evans als die etwas jüngeren bezeichnet, vor allem diejenigen nachholen, die wir im ersten Teile dieser Untersuchung beiseite liessen, weil sie viele figürliche Bestandteile enthalten von der Art, wie wir sie an den aus dem Werke von Ohnefalsch-Richter entnommenen Beispielen näher kennen gelernt haben.

Fig. 62a.

Fig. 62b.

Fig. 62c.

Aus: Evans, Journal of Hellenic Studies, S. 291, Fig. 24 a, b, c.

Jedes Feld des Steines enthält insoweit einen abgeschlossenen Sinn, dass es ziemlich gleichgültig ist, mit welchem begonnen wird.

Beginnen wir mit Fig. 62a. Dort sehen wir links E_{14}, dann die bildliche Darstellung eines Schweines, die hier ein singuläres Zeichen für Y ist (ὗς). Dieses Feld enthält somit die Silbe EY.

Fig. 62a zeigt links einen Pfeil, also das Diphthongzeichen für OI. Rechts daneben eine ornamentale Ausgestaltung von Z_{4} = OI. Z.

Fig. 62b stellt ein springendes Füllen oder dergleichen vor, dessen Rückwendung Y_{7} bedeutet. Das Hinterteil des Tieres ist zu —O = O_{6} mit — = I_{6} umgebildet, so dass das springende Tier im ganzen bedeutet: YOI. Darunter erkennen wir A_{14}, aber in Ligatur mit ⊂ = O_{6} und ⊢ (linke Ecke) = N_{1}. Daraus ist zu ersehen, dass die Axt hier nicht bloss für den Anlaut, sondern als Silben- oder Doppelsilbenzeichen angewendet ist = AZION. Die ganze Inschrift lautet also:

EY. OI. Z. YOI AZION = [illegible]

Fig. 63a.

Fig. 63b. Fig. 63c.

Aus: Evans, Journal of Hellenic Studies, S. 321, Fig. 63 a, b, c.

Auch bei der Inschrift Fig. 63a, b, c ist die Reihenfolge des Feldes äusserlich nicht ausreichend gekennzeichnet.

Nur Fig. 63b ist durch eine Reihe von Kreisen, die dekorativ verwendet sind, ausgezeichnet, so dass hier wohl der Anfang zu suchen ist. Das Feld enthält ausser diesen Kreisen nur eine Stange eines Hirschgeweihes, also = EΛ.

Fig. 63c zeigt eine figürliche Darstellung, aber so unklarer und wirrer Art, dass man von vorn herein eine figürlich gestaltete Ligatur von Schriftzeichen darin vermuten muss. Rechts oben liegt der Figur Q = O_{4} mit ⟍ = I_{6} zu Grunde = OI; unten sehen wir E_{16} mit N_{6}, mit dem oberen Zeichen zusammen = OIEN. Betrachten wir den Kopf, Pferdeschädel, oder was die Figur bedeuten soll, die links oben gewissermassen aufgespiesst erscheint, so sehen wir die Züge = $O_{4}O_{4}I_{6}N_{6}$ = OION.

Fig. 63a zeigt links = $O_{4}N_{4}$; der Mast des rohen Schiffsumrisses ist I_{6}, die Biegung des Schiffsrumpfes ◡ = O_{4}, das rechte Ende des Schiffes > = N_{6} = ONION.

Das ganze ergiebt den Wortlaut:

EΛOIEN OION ONION = [illegible]

Die Inschrift ist also ein Fluch, durch den einem andern gewünscht wird, dass sein Sohn geraubt und verkauft werde.

Fig. 64a. Fig. 64b. Fig. 64c.

Aus: Evans, Journal of Hellenic Studies, S. 321, Fig. 64 a, b, c.

Der Anfang der Inschrift scheint in Fig. 64b links durch das den Rand berührende Stäbchen gegeben zu sein, ein Zeichen des Anfangs, das sich mehrfach findet. Die Leier ahmt nach = Y_{14}; die quer gespannten Saiten ergeben = E_{8} = EY. Rechts daneben sehen wir Π_{8}, in Ligatur mit = O, darüber I_{6}, dann Δ = Δ_{1}, dann wieder I_{6} = EYOΠΙΔΙ.

Fig. 64ᵃ zeigt einen zurückgewendeten Vogel, dessen Wendung = Y_7 bedeutet. Das Auge ist $O_{..}$, die geraden Linien in dem erhobenen Flügel zeigen die Figur [ligature] = $\Sigma_{..}$. Die Füsse des Vogels ahmen die Ligatur [ligature] nach, von rechts nach links gelesen = $N_.O_.I_.$. Der Winkel zwischen Flügel und Schwanz ist = [sign] = $N_.$.

Fig. 64ᵃ enthält demnach die Worte: ΥΙΟΣ ΝΩΙΝ.

Fig. 64ᶜ nun hat in dem Blumenstengel die Ligatur [ligature] = [signs] = $E_{..}I_.E_{..}$ = ΕΙΗ. Rechts davon ist wieder dieselbe Einkleidung der Silbe ΕΥ wie in Fig. 64ᵇ zu finden. So heisst die Inschrift dieses Feldes, von rechts nach links gelesen: ΕΥ ΕΙΗ.

Die gesamte Inschrift lautet also, wenn die Felder so folgen: Fig. b, Fig. c, Fig. a:
ΕΥΟΠΙΑΙ ΕΥ. ΕΙΗ ΥΙΟΣ ΝΩΙΝ = εὐώπιδι εὖ [γέ]ν]. εἴη υἱὸς νῷιν.
Dass unter der „schönen" Göttin Aphrodite verstanden ist, zeigt die Myrthenblüte in dem Felde Fig. 64ᶜ und die Taube in Fig. 64ᵃ.

Fig. 65ᵃ. Fig. 65ᵇ. Fig. 65ᶜ. Fig. 65ᵈ.
Aus Evans, Journal of Hellenic Studies, S. 297, Fig. 26 a, b, c, d.

Die Inschrift, Fig. 65a b c d vermischt reine Linearschrift in der Weise mit der figürlichen Einkleidung, dass auf einem Felde rein lineare Schriftzüge, auf zwei andern Feldern ornamentale Ausgestaltung und auf dem vierten Felde rein figürliche Darstellung verwendet ist. Die Reihenfolge scheint die durch die Abbildung gegebene zu sein.

Fig. 65ᵃ zeigt zweimal Z_4 ornamental gestaltet; wahrscheinlich ist auch die Verdoppelung nur dekorativer Natur und nur einmal $Z_.$ zu lesen.

Fig. 65ᵇ enthält nur eine menschliche Figur, die wir der ganzen Sachlage nach berechtigt sind, als Einkleidung von Schriftzügen aufzufassen, wozu auch die eckige Darstellung und vorzüglich die eigenartige Stellung der Füsse passt. Die Arme mit dem Oberkörper geben [sign] = $E_{..}$; die Beine [sign] = Y_{1r} = ΕΥ.

Fig. 65ᶜ zeigt oben in den parallelen Strichen eine Form von H_{14}, darunter [sign] = Σ_{15}, in dem unteren Ornamente finden wir als Schriftzüge die Ligatur [ligature] = $O_.I_.$ = ΟΙ. Das Feld enthält also das Wort ΗΣΟΙ.

Das vierte Feld, Fig. 65ᵈ, beginnt rechts mit $H_{1.}$, dann folgt, wie man erkennt, wenn man die ganze Figur umgekehrt ansieht, $Y_{..}$, dann eine Ligatur von [sign] = $E_{..}$ und [sign] = $A_.$, so dass in diesem Felde zu lesen ist ΗΥΕΑ = ʽΥΕΑ.

Die Inschrift der vier Felder ist also folgende:
Ζ. ΕΥ. ΗΣΟΙ ʽΥΕΑ = Ζ.[ηνὶ] εὐ[γὴν] ἥσοι ὑ[ε]ία.

Fig. 66ᵃ Fig. 66ᵇ.
Aus Evans, Journal of Hellenic Studies, S. 298, Fig. 27 a, b.

Fig. 66ᵃ enthält als Hauptfigur einen Esel, an dessen Hinterfüssen N_9 angebracht ist. Hieraus ist zu schliessen, dass das Bild hier als Silben- oder Stammzeichen steht, an welches das N anzuhängen ist. Dies ergiebt ΟΝΟΝ. Über dem Esel ist eine durchaus unklare Figur angebracht, aus der mit einiger

Sicherheit nur die Gestalt eines Winkels 7 zu erkennen ist $= \Gamma$; dann würde in dem Felde zu lesen sein: ΓΟΝΟΝ.

Fig. 66[b] lässt links das Silbenzeichen ΔΕ erkennen, dem dann X_1 folgt. Rechts am Ende ist die Hälfte eines Tierkopfes sichtbar, die offenbar nur als Einkleidung von Schriftzügen dient, und zwar als Verhüllung der Ligatur ϙ͝ $= O_a I_c O_b =$ ΟΙΟ, so dass die Inschrift dieses Feldes ist: ΔΕΧΟΙΟ.

Das ganze heisst:

ΓΟΝΟΝ ΔΕΧΟΙΟ = γόνον δέχοιο.

Der Stein ist ein Amulet zur Erzielung von Fruchtbarkeit der Frau.

Fig. 67. Aus: Evans, Journal of Hellenic Studies, S. 320, Fig. 40.

Die sehr roh hergestellte Zeichnung des Steines Fig. 67 ist links unten nicht deutlich.

Das deutlich Erkennbare der Inschrift ist folgendes:

Links oben sehen wir eine Hand in der Stellung von $Y_{3a} = Y$. Rechts unten Π_3; daneben O_a; rechts am Rande ΔΕ. Über dem Zeichen für Π_3 sehen wir X_3 (als Silbenzeichen ΧΟ). Links oben ist eine unklare Figur, welche die Schriftzüge ☌ $= I_c O_a$ nachahmt $=$ ΙΟ. Das Lesbare zusammen genommen heisst also ΥΠΟΔΕΧΟΙΟ = ὑποδέχοιο, deutet also auf die gleiche Bestimmung des Steines, wie wir sie bei dem in Fig. 66 dargestellten soeben fanden.

Auch in Fig. 68 haben wir eine recht roh ausgeführte Zeichnung vor uns, deren genauere Erkennung zunächst Schwierigkeiten macht. Eine Hilfe für die Richtung, in der zu lesen ist, giebt der Pfeil links unten. Wir werden demnach rechts oben bei

Fig. 68. Aus: Evans, Journal of Hellenic Studies, S. 320, Fig. 41.

der dreieckigen Figur anzufangen haben. Diese Figur scheint in ihren Umrissen Δ_c bezeichnen zu sollen. Die Linien, die wir innerhalb dieses Dreiecks bemerken, stellen, soweit sie erkennbar sind, ↘ $= I_c$ und ⌇ $= \Lambda_3$ dar, also das ganze = ΔΙΛ.

Die noch übrige grosse Figur stellt bei näherer Betrachtung eine rohe Form des Silbenzeichens für ΠΟΛ dar. Der Pfeil auf der inneren Krümmung ist ΟΙ; nach links stellt die Krümmung ❮ dar, also T_{3a}, und die nochmalige Krümmung rechts oben $= O_b$. Demnach heisst das ganze: ΔΙΑΠΟΛΟΙΤΟ = διαπόλοιτο, ist also ein Fluch.

Ein eigenartiges Gemisch von roher figürlicher Darstellung und linearen Zeichen finden wir in der folgenden Inschrift Fig. 69a, b, c.

Aus dem Stäbchen am rechten Rande von Fig. 69[a] lässt sich schliessen, dass hier der Anfang zu suchen sei. Die rohe Ausführung erschwert die Lesung gerade bei dieser Figur. Wir beginnen oben rechts, wo über der ersten Wasserkanne das Zeichen für ΣΤ zu sehen ist. Die Kanne selbst ist Zeichen für Y_3. Am Bauche derselben ist das Zeichen ⋃ $= O_b$ und darunter N_c. Der Fuss der Kanne bildet die Form ᵯ $= E_a$. Die zweite Kanne $= Y_3$ trägt an dem Ausguss ⌐ $= N_c$ und an dem Bauche $\digamma = E_{29}$. Die dritte Kamme scheint für sich selber nichts zu bedeuten, trägt aber die Aufschrift $\Psi = E_{17}$. Links am Rande sehen wir das Zeichen $= O_5 I_6 O_6 =$ ΟΙΟ. Somit enthält Fig. 69a folgendes: ΣΤΥΩΝ ΕΥΝΗΣ ΟΙΟ —.

Fig. 69a. Fig. 69b. Fig. 69c.

Aus Evans, Journal of Hellenic Studies, S. 298, Fig. 21a, b, c.

In Fig. 69a sind die beiden gewundenen Figuren rechts und links wahrscheinlich nur dekorativ. Der Tierkopf trägt unten das Zeichen für N_4. Der Kopf als ganzes ist K_4; rechts geben Ohr und Horn $= E_{29}$, die parallelen Linien auf der Stirn bedeuten H_{14} = Ν ΚΕΗ —.

Fig. 69b zeigt oben T_{14}, darunter das Diphthongzeichen für ΑΙ.

Daher heisst die ganze Inschrift:

ΣΤΥΩΝ ΕΥΝΗΣ ΟΙΟ | Ν ΚΕΗ | ΤΑΙ = στύγων εὐνῆς οἷο νήχηται; es ist also ebenfalls ein Fluch.

Fig. 70a. Fig. 70b. Fig. 70c.

Aus Evans, Journal of Hellenic Studies, S. 300, Fig. 41a, b, c.

Die Inschrift beginnt mit Fig. 70b, wo uns an der rechten Seite zuerst das Zeichen $= E_{28}$ entgegentritt. Der kleine darüber schwebende Bogen ist ein Lesezeichen. Links ist das Zeichen für Z_4 in Verbindung mit $= O_5$ vorhanden. Beide Zeichen zusammen heissen also ΕΞΩ.

Fig. 70a zeigt ein sehr kompliciertes figürliches Zeichen, dem man aber die Zusammensetzung aus Schriftzeichen sehr deutlich ansieht. Der obere Teil ist eine figürliche Gestaltung von $= \Sigma_{14}$. Der rechte Kopf davon ist zu $= O_2$ mit $= I_6$ umgebildet, so dass diese Ligatur ΣΟΙ heisst. Der untere Teil zeigt rechts $= E_{24}$ mit I_6 = ΕΙ. Der Winkel der Beine ist N_{10}, also ΕΙΝ.

Fig. 70c zeigt rechts eine figürliche Gestaltung der Zeichenverbindung $= Y_{14} I_6 O_4$ = ΥΙΟ. Links daneben ist N_9 zu einer Vogelkralle umgebildet.

Die ganze Inschrift lautet daher:

ΕΞΩ ΣΟΙ ΕΙΝ. ΥΙΟΝ = ἔξω σοι εἶν[αι] υἱόν.

Also ist auch diese Inschrift ein Fluch.

Zum Schluss füge ich noch zwei Inschriften bei, deren erste aus Mykenae stammt, während die zweite kyprisch ist. Die erste, Fig. 71, ist bei Schliemann, Mykenae, S. 126, Nr. 176 veröffentlicht. Sie befindet sich auf einer linsenförmigen Gemme von Speckstein und zeigt die Vermischung des linearen und figürlichen Elementes in vorzüglicher Weise.

Fig. 71. Aus: Schliemann, Mykenae, S. 126, Nr. 176.

Rechts unten bilden die beiden Hinterbeine des roh dargestellten Tieres das Zeichen $= H_{14}$; links daneben sehen wir ein mit der Tierfigur nur äusserlich zusammenhängendes

Zeichen ⅄ = Y_{14}. Die Vorderbeine des Tieres bilden ∏ = H_{15}. Links am Rande ist […] = ΔΕ zu sehen. Der zurückgewendete Kopf des Tieres ergiebt Y_{17}, die gerade Linie, die vom Rücken des Tieres sich nach oben erstreckt und mit dem Tierkörper nichts zu schaffen hat, ist wieder ein rein lineares Zeichen = I_{2}; der rund ausgestaltete Hinterteil des Tieres ist O_{3}, der Schwanz I_{1}, so dass das ganze folgenden Lautwert hat:

ΕΥ Π ΔΕ ΥΙΟΙ.

Hier bezeichnen die beiden ersten Buchstaben die Kürzung von εὐχήν, Π = ποιῶν, das Zeichen für ΔΕ (δένδρον) scheint nur den Anlaut Δ zu bedeuten, eine Erscheinung, die ich auch schon in einigen anderen (hier nicht publicierten) Fällen gefunden habe, und ist dann Kürzung für ΔΙ, so dass wir die obigen Zeichen zu lesen haben: εὐ.[χὴν] π.[οιῶν] Δ.[ιί]. υἱῷ.

Die zweite, Fig. 72, findet sich bei Ohnefalsch-Richter, Kypros, die Bibel und Homer, I, S. 32, Fig. 2.

Fig. 72. Nach Ohnefalsch-Richter, Kypros, die Bibel und Homer, I, S. 32, Fig. 2.

Wir sehen hier Schriftzüge und zweifellose Schriftzeichen vermischt mit figürlichen Gestalten, die aber durch ihre Umrisse von vorn herein auf den zu Grunde liegenden Schriftcharakter schliessen lassen. Zum Teil beweisen die dazu gehörigen reinen Schriftzeichen diesen Schriftcharakter der Figuren dadurch, dass ihnen zu einem vollen Worte gerade der Laut fehlt, dessen Zeichen die Figur ähnlich sieht. Wir beginnen die Lesung rechts von dem heiligen Baume, der das Kultobjekt repräsentiert, oben. Das hier vorhandene Zeichen wiederholt sich unten noch einmal und ist, wie es auch Ohnefalsch-Richter a. a. O. vermutungsweise ausspricht, eine ungestielte Axt, also = A_{18}; dicht darunter sehen wir das Zeichen ɔ, d. h. O_{5}; darunter O_{6}, dann

das oben erwähnte Zeichen für A_{18}, welches aber an der linken Seite noch I_{6} [ſ] an sich trägt. Nehmen wir an, dass die beiden Zeichen für O (O_{5} und O_{6}) Ω bezeichnen sollen, so heisst die ganze Zeichengruppe rechts von dem heiligen Baume: ΑΩΑΙ. Was darunter zu verstehen ist, werden wir weiterhin näher besprechen.

Links von dem heiligen Baume sehen wir einen Ochsenkopf, der wie oben in Fig. 4 eine Einkleidung der Ligatur >Ψ< = $N_{1}O_{3}I_{6}N_{6}$ = ΝΟΙΝ repräsentiert.

Die menschliche Figur stellt durch Oberkörper, Beine und einen senkrechten Strich zwischen den Beinen […] = E_{14} dar. Die Arme bilden ∏ = H_{18}, der Kopf […] = I_{4}. Rechts daneben schwebt ɔ = O_{5}, rechts oben daneben […] = E_{15}, unter diesen […] = O_{6}. So heisst also die ganze Gruppe E. ΠΟΙΕΩ.

Der Wortlaut der ganzen Inschrift ist daher:

ΑΩΑΙ ΝΟΙΝ E. ΠΟΙΕΩ = Ἀῴᾳ νῶιν ε.[ὐχὴν] ποιῶ.

Dass Ἀῴα ein Name für Aphrodite sei, ergiebt sich leicht, wenn man erwägt, dass Adonis den Namen Ἀῷ führt, und dass die Aois- oder Eos-Bäume der Aphrodite heilig sind.[1]

Am Fusse der Weihung, in der rechten unteren Ecke, ist ausserdem eine kleine rein lineare Beischrift hinzugefügt. Wir sehen dort die folgende Zeichengruppe:

ϳ ʎ ή

deren erstes Zeichen, rechts oben, I_{4} ist. Das darunter befindliche Zeichen ist eine Form für T_{19}. Links daneben sehen wir Y_{14}, links am Ende A_{18}. Die kleine Beischrift bedeutet also:

Ι ΤΥ Α = ἰ[ν] τύ.[χαι] ἀ.[γαθᾶι].

[1] Vgl. Ohnefalsch-Richter a. a. O. I, S. 181.

III. Inselsteine und ähnliche figürliche Darstellungen.

Die in Fig. 51—72 vorgeführten Inschriften zeigen uns lineare Schriftzüge in Mischung mit figürlich eingekleideten. Ein Schritt weiter auf dem in diesen Inschriften bezeichneten Wege muss zu Darstellungen führen, die das figürliche Element in den Vordergrund treten lassen, entweder so, dass es überwiegt, oder so, dass das lineare Element dagegen völlig zurücktritt und gänzlich verschwindet. So natürlich einerseits dieser weitere Schritt erscheint, wenn man die vorausgehende Entwicklungsgeschichte betrachtet, so neu und unwahrscheinlich muss er erscheinen, wenn man nur die Behauptung allein ins Auge fasst, dass es derartige Inschriften gegeben habe. Es finden sich aber unter den erhaltenen bildlichen Darstellungen solche, die nur unter dieser Annahme erklärliche Erscheinungen aufweisen. Ich meine in erster Linie die Inselsteine. Wenn man Darstellungen wie die von Milchhoefer (Die Anfänge der Kunst in Griechenland, S. 55. 78. 80, 82) veröffentlichten genau betrachtet, so fällt dem Auge eine nicht geringe Zahl von Einzelheiten auf, die zum Teil sehr winzig, doch mit Sorgfalt ausgeführt sind, ohne dass sie das geringste für die dargestellten Figuren an sich bedeuten können. Manche, wie Fig. 50 (S. 78 a. a. O.), 59ᵃ (S. 92), zeigen auch ausserdem punktierte Linien, die völlig rätselhaft sind, wenn man nicht annimmt, dass sie gewissermassen Wegzeiger sind. Diese beiden Thatsachen machen es mir unzweifelhaft, dass diese bildlichen Darstellungen verhüllte Schriftzeichen enthalten. Was von Milchhoefer, Ohnefalsch-Richter, Furtwängler und anderen in kultureller und kunstgeschichtlicher Hinsicht über Inselsteine und andere derartige Darstellungen geschrieben worden ist, wird durch eine inschriftliche Eigenschaft dieser geschnittenen Steine gar nicht berührt: denn die Wahl der Gegenstände, die zur Verhüllung

der Schriftzüge dienen sollen, hängt einerseits von der Vorstellungswelt der Verfertiger ab, andererseits von der stilistischen und technischen Bildung und Fähigkeit. Ausserdem haben die in jedem Falle gewählten Formen offenbar den Zweck, das ganze dadurch geheimnisvoll und gewissermassen magisch wirksam zu machen, dass es mit den Vorstellungen der Volksreligion in Verbindung gebracht wird, so dass auch daraus hervorgeht, dass ganz abgesehen von dem inschriftlichen Inhalte alles Sachliche der erwähnten Art notwendigerweise erörtert werden muss.

Wenn ich in der vorliegenden Erörterung davon absehe, auch derartige rein oder überwiegend figürliche Inschriften vorzuführen und einer Deutung zu unterziehen, so geschieht das aus zwei Gründen: erstens ist der Zweck dieser Schrift, überhaupt die Grundlage der Entzifferung der mykenischen Inschriften festzustellen, so dass eine genauere Behandlung eines Seitenzweiges nicht erforderlich, vielleicht sogar hinderlich sein würde. Zweitens aber bringt es die Art der völlig figürlichen Inschriften ganz selbstverständlich mit sich, dass vielfach Zweifel obwalten können, wo und inwieweit in den figürlichen Darstellungen Verhüllungen von linearen Zeichen zu sehen sind, während wir in der vorliegenden Untersuchung den festen Boden des Sicheren oder doch Wahrscheinlichen nicht unnötig verlassen wollen. Ich begnüge mich daher damit, darauf hinzuweisen, dass gewisse Eigenheiten mancher Inselsteine darauf schliessen lassen, dass der oben erwähnte Schritt von der halb figürlichen und halb linearen Darstellung der Schriftzeichen zu einem vollständigen Überwuchern des figürlichen Elementes wirklich gethan ist. Wie schon aus der vorausgehenden Erörterung hervorgeht, sehe ich in diesen figürlichen Inschriften keineswegs eine Schrift des Tagesgebrauches, sondern gewissermassen eine Kult- oder Kunstschrift, die angewendet wurde, wo grössere Künstlichkeit eine Weihung in den Augen der

Götter wertvoller machen sollte, oder wo man einen Fluch oder ein Amulet mit geheimnisvoller Kraft oder wenigstens mit geheimnisvollem Aussehen begaben wollte. Auch ein dritter Fall konnte vorliegen, dass nämlich ein Siegel oder eine andere Eigentumsbezeichnung durch die eigenartige Einkleidung etwas Individuelles erhalten sollte. Unter Umständen konnten dann in Zeiten besonders gesteigerter Kunstübung derartige bildliche Einkleidungen das künstlerische Element so hervorkehren, dass auf den ersten Blick jede Erinnerung an den inschriftlichen Charakter der Darstellung verschwunden erscheint. Ein schönes Beispiel des Überganges einer figürlichen Darstellung, deren inschriftliche Eigenschaft noch ziemlich deutlich zu erkennen ist, in künstlerische Form bietet die Nebeneinanderstellung zweier Bildwerke, die ersichtlich genau dasselbe Motiv behandeln und die wir in dem schon mehrfach citierten Werke von Ohnefalsch-Richter, Kypros, die Bibel und Homer, I. S. 60, Fig. 70 und 72 finden. Wir sehen da nämlich neben dem Bildwerke eines mykenischen Siegelringes, eine Hirschjagd darstellend[1], das steife und den Schriftcharakter noch deutlich verratende Urbild desselben.

Die bei Evans a. a. O., S. 237—245 vorgeführten bildlichen Darstellungen gehören anscheinend zu den überwiegend figürlichen Einkleidungen von Inschriften; doch ist durch die vielfach ziemlich rohe und oft recht unklare Ausführung das Urteil sehr erschwert. Evans sieht sie als Inschriften an, vermutet aber, dass es sich um primäre Bilderschrift handelt, d. h. dass entweder die Anlaute resp. Ansilben der Bezeichnung der dargestellten Gegenstände gelesen werden sollen, oder dass vielleicht gar Bilderschrift mit essentieller Bedeutung vorliegt. In mehreren Fällen sind die Figuren ihrem eigentlichen Wesen nach so undeutlich, dass man an Bilderschrift solcher Art wol

[1] Vgl. Schuchhardt, Schliemanns Ausgrabungen u. s. w., 2. Aufl., S. 257, Fig. 230, und Schliemann, Mykenae, Nr. 334.

nicht denken kann; in anderen Fällen dagegen erscheint die Vermutung nicht so unwahrscheinlich. Wegen dieser Schwierigkeiten habe ich es für angezeigt gehalten, hier von einem Deutungsversuche abzusehen und einen solchen für eine spätere Gelegenheit aufzusparen. Auch scheint es nicht unmöglich, dass manche von diesen Inschriften überhaupt nicht der griechischen Sprache angehören, während ich für einen Teil auch dieser Inschriften glaube, eine griechische Deutung gefunden zu haben. Eine Inschrift dieser Reihe, bei der der Schriftcharakter deutlicher hervortritt als bei den übrigen, haben wir unter Fig. 70 besprochen.

Ohne mich auf die sprachliche Form der vorstehend vorgeführten und gedeuteten Inschriften tiefer einzulassen, glaube ich doch einige Bemerkungen in Bezug hierauf nicht unterlassen zu dürfen. Es ist als ganz sicher anzusehen, dass die Sprache dieser Inschriften weit älter ist, als sie in der Umschreibung erscheint. Der Grund liegt darin, dass der Lautwert der mykenischen Zeichen nur nach dem Anlaut der uns geläufigen Formen der Bezeichnungen der in der Bilderschrift dargestellten Gegenstände gewonnen werden konnte. Für Zeitabschnitte, in denen der Anlaut der betreffenden Wörter eine ältere Entwickelungsstufe repräsentierte, musste das entsprechende Zeichen demnach auch einen etwas anderen Lautwert haben. Dies fällt besonders bei den Spiranten Ϝ und j ins Gewicht. Eine Zeit beispielsweise, in der nicht ἔρκος, sondern Ϝέρκος gesprochen wurde, musste mit dem Zeichen für H und E in gleicher Weise Ϝ in Verbindung bringen, wie es später mit dem Hauchlaute geschah. Wir sind aber nicht in der Lage, für jeden einzelnen Fall dies festzustellen. Ähnlich verhält es sich mit dem Zeichen für I; hier lässt sogar die eine Form, l4, wegen ihrer grossen Ähnlichkeit mit dem kyprischen Silbenzeichen für ja auch an die Spirantencigenschaft jenes Zeichens denken. Das eine freilich geht aus der Vernachlässigung eines zweifellosen Ausdruckes beider Spiranten in der Schrift hervor, dass sie schon in der Sprache jener Zeit einen so abgeblassten Laut hatten, dass man sie, wie später den Asper, oft gar nicht besonders in der Schrift ausdrückte, sondern sie als an dem Vokal ihrer Silbe anhaftend betrachtete. Diese Erscheinung ist der Selbständigkeit beider Spiranten gegenüber, die sie in manchen späteren Dialekten besitzen, nicht auffälliger als das frühe Abblassen dieser beiden Laute in dem alten äolischen Dialekte.

Obwohl nun anzunehmen ist, dass in den ältesten der vorgeführten Inschriften, vielleicht sogar in allen, Digamma und Jod als gesprochen gedacht werden müssen, so habe ich in der Umschreibung doch lieber darauf verzichtet, den Inschriften den ihnen vielleicht gebührenden altertümlichen Charakter zu geben, weil die Berechtigung für den einzelnen Fall nicht nachweisbar schien. Nur in einzelnen Fällen, die eine besondere Berechtigung dazu zu geben scheinen, bin ich von diesem Verfahren abgewichen und habe mit Digamma und Jod gerechnet.

Ein anderer Punkt, den ich auch nur im Vorbeigehen streifen will, dessen genauere Erörterung aber vorbehalten bleiben muss, betrifft das Altersverhältnis der verschiedenen Modificationen der Zeichentypen. Die Reihe der linearen Inschriften, die wir im ersten Teile dieser Schrift näher betrachtet haben, hat uns eine reiche Fülle von Wandlungen der einzelnen Zeichenformen aufgewiesen, während der Grundtypus jedes Zeichens doch sehr wohl erkennbar blieb. Es liegt nun sehr nahe, sich zu fragen, welche dieser Änderungen auf die Entstehungszeit, welche auf Gegend und Volk und welche auf individuelle Gründe zurückzuführen seien. Indessen müssen wir uns gleich von vorn herein gestehen, dass die Angelegen-

heit erst einer grösseren Klärung bedarf, als jetzt möglich ist, bevor mit Erfolg an diese Frage herangetreten werden kann. Ich begnüge mich daher für den Augenblick mit der Zusammenstellung der hauptsächlichsten Metamorphosen einiger besonders häufig auftretenden Zeichen, nämlich der zweiten Grundform für den T-Laut und der ersten Grundform für den A-Laut.

Die zweite Grundform des T-Lautes, die auf den Bogen (τόξον) zurückgeht, kommt ausserordentlich häufig vor, weit öfter als die erste, auf den τομός zurückgehende Grundform. Die Variationen über die Grundgestalt des Bogens mit aufgelegtem Pfeile sind aus der nachfolgenden Zusammenstellung, Fig. 73, ersichtlich, deren Zeichen ich sämtlich Inschriften entnommen habe, die im ersten Teile dieser Schrift behandelt sind. Geringe Abweichungen, die anderweit vorkommen, aber nicht über das Mass der Verschiedenheit individueller Handschrift hinausgehen, sind dabei nicht berücksichtigt.

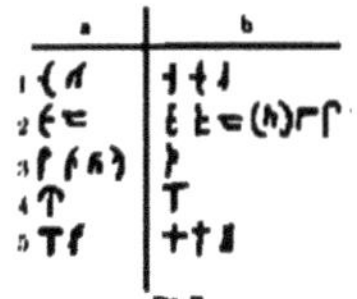

Fig. 73.

Aus dieser Zusammenstellung sieht man, wie 1) bei voller Bogenform die Andeutung des Pfeiles zu vier Formen Veranlassung giebt: Andeutung auf der konvexen oder konkaven Seite oder auf beiden Seiten und verhältnismässige Länge des Pfeiles; 2) tritt Halbierung der symmetrischen Figur ein; 3) anstatt senkrecht angesetzt zu werden, legt sich der den Pfeil andeutende Strich in spitzem Winkel an, krümmt sich oder schlängelt sich[1]; 4) tritt neben jede der so entstandenen Formen eine die Grundgestalt noch mehr schematisierende Form, bei der die gekrümmten Linien zu geraden Linien werden. Die Formen 1^a erscheinen z. B. Fig. 22, 36, 40; die von 1^b Fig. 47, 33, 44; 2^a findet sich u. a. Fig. 40, 37; 2^b Fig. 46, 50, 47, 13, 21; 3^a Fig. 30, 49, 44, 38, 39, 40; 3^b Fig. 44; 4^a Fig. 30, 49; 4^b Fig. 29, 42, 43; 5^a Fig. 34, 40; 5^b Fig. 48, 46.

Nicht ganz so zahlreich, aber immerhin ziemlich stark vertreten sind die Wandlungsformen aus der ersten Grundgestalt des Zeichens für den A-Laut, auf die Axt (ἀξίνη) zurückgehend, wie sie in folgender Zusammenstellung, Fig. 74, zu sehen sind.

Fig. 74.

Die Formen unter *a* zeigen noch deutliche Erinnerung an den Ursprung des Zeichens: das Bild der Axt, in zwei Typen, Doppelaxt und einfache Axt. Unter *b* stehen Formen, die rein linear geworden sind. Die Typen 2 und 3 lassen sehen, wie auch hier ein Abblassen der Erinnerung an den Ursprung des Zeichens und infolgedessen eine Neigung zur Wandlung in lineare Formen eingetreten ist.

[1] Die Formen 3^a und 5^b kommen dem phönizischen Zeichen für den T-Laut sehr nahe.

Die Form 1^a ist u. a. belegt durch Fig. 18, 1^b durch Fig. 18; 2^a durch Fig. 31, 37, 47, 40, 44, 45; 3^a durch Fig. 39, 44, 47, 42, 46, 50; 2^b und 3^b durch Fig. 22.

Eine ähnliche schrittweise vor sich gehende Umbildung lässt sich auch an anderen Zeichen, besonders dem für P und dem für H verfolgen. Bei diesen wie bei den oben vorgeführten Fällen sieht man deutlich neben einander Formenreihen, die sich durch den Grad des Zusammenhanges mit der bildlichen Grundform unterscheiden. Es kann nun nicht zweifelhaft sein, dass die Schriftformen, die der bildlichen Grundform näher stehen, älter sind als die, bei denen ein Verblassen der Erinnerung an jene Grundform zu constatieren ist. Freilich darf man nicht ohne weiteres auf das wirkliche Alter der betreffenden Inschriften aus dem älteren oder jüngeren Charakter der Zeichen einen direkten Schluss ziehen wollen, da ja in manchen Gegenden oder bei gewissen Stämmen der mykenischen Welt sich ältere Typen erhalten haben können. Das eine aber lässt sich ziemlich gewiss sagen: wo bei den Inschriften eine Verschiedenheit des Charakters der Zeichen nach der eben erörterten Richtung hin sich findet, kann man auf eine wesentliche zeitliche oder örtliche Verschiedenheit der Herkunft dieser Inschriften schliessen. Ob nun zeitliche oder örtliche Verschiedenheit vorliegt, das lässt sich dann nur für den einzelnen Fall durch zugleich vorhandene andere Kriterien entscheiden, wenn es nicht gelingt, gewisse Zeichenformen als charakteristisch für bestimmte Zeiten oder Gegenden festzustellen. Für den Augenblick sind alle zu einer derartigen Feststellung erforderlichen Hilfsmittel erst noch zu schaffen, und die ganze Sache ist zu einem solchen Unternehmen noch nicht ausreichend geklärt. Es genügt deshalb für jetzt, darauf hinzuweisen, dass charakteristische Unterschiede in den Zeichenformen der linearen Inschriften vorhanden sind, die eine Untersuchung nach der erwähnten Richtung hin ermöglichen.

IV. Zusammenfassung der Beweise.

Die im Verlaufe der ganzen vorstehenden Untersuchung gegebenen Beweise gründen sich besonders auf zwei Thatsachen. Erstens zeigen die in den Inschriften auftretenden linearen Zeichen, während ihre Entwickelung aus den alten primären Bilderzeichen deutlich sichtbar ist, die engste Verwandtschaft mit den kyprischen Silbenzeichen und ganz nahe Zusammengehörigkeit, vielfach völlige Gleichheit, mit den verschiedenen griechischen Alphabeten. Ich bemerke zu diesem Punkte, dass ich, was ich jetzt bedaure, eine Anzahl schlagender Übereinstimmungen nicht in Tab. 4 aufgenommen habe. Ich hätte z. B. die Formen von H_{36} einem H aus Inschriften von Athen und Böotien, von H_{37} einem kretischen H gegenüberstellen sollen. Ebenso waren die Formen von P_4 mit mehreren Formen des P aus Inschriften von Korinth, Korkyra, Phokis, Arkadien und Elis zu vergleichen. In sämtlichen eben bezeichneten Fällen ist die Übereinstimmung so gross, dass man einfach die mykenischen Schriftzeichen für die entsprechenden Alphabetzeichen einsetzen kann und umgekehrt.

Die zweite Thatsache, auf der der bisher geführte Beweis beruht, ist die, dass überall der angenommene Lautwert der mykenischen Zeichen einen guten, angemessenen Sinn ergiebt, wenn er in den vorhandenen Inschriften angewendet wird. Hier haben besondere Beweiskraft sich wiederholende Formeln oder parallele Legenden, wie Fig. 12 νοῖν ἄξιο(ν) und Fig. 31 νῖκον ἄξιον εἶναι; oder Fig. 30 ἄξιον πίπι und Fig. 44^a πῖνε ἄξιον, welche letzteren beiden Aufschriften auf Trinkschalen gewiss am rechten Platze sind. Hinsichtlich der Bedeutung von ἄξιον, die in den beiden letzten Fällen etwa unserem „tüchtig", „gehörig" entspricht, vergleiche ich noch Fig. 62 δοι ἄξιον. Auf die Beweiskraft von Namen, die an passender Stelle erscheinen, komme ich weiter unten noch zu sprechen.

Ist nun also mit den erwähnten Thatsachen der Beweis erbracht, dass der in Tab. 1 und 2 den Schriftzeichen beigelegte Lautwert richtig ist, so will ich doch nicht unterlassen, auch gewissermassen von aussen her einen mehr objektiven Beweis beizubringen. Hätten wir nicht, gestützt auf die Erwartung, dass die neu entdeckte Schrift griechische Sprache enthalte, und gefördert durch die Erkennbarkeit und Verständlichkeit einer grossen Anzahl der bildlichen Zeichen, aus den griechischen Benennungen der dargestellten Gegenstände den Lautwert der Mehrzahl der Zeichen erschliessen können, so hätten wir aus wiederkehrenden Zeichengruppen und Namen, deren Lautwert man aus den Fundverhältnissen vermuten oder erwarten konnte, zunächst eine beschränkte Anzahl der Schriftzeichen (und Zeichenformen) feststellen und mit deren Hilfe durch Versuche und zahlreiche Vergleichungen der verschiedenen Inschriften den Lautwert der noch unbekannten Zeichen auffinden müssen. Diesen selben Weg können wir aber auch zu einem Beweise benutzen. Wir können nämlich solchen mehrfach in veränderter Umgebung auftretenden Zeichengruppen an Stelle eines bloss vermuteten Lautwertes ebenso gut den Wert unterlegen, den Tab. 1 und 2 den betreffenden Zeichen zuspricht, und dann die entstehenden Kombinationen auf ihre Wahrscheinlichkeit prüfen. Hierdurch wird uns der Lautwert einer Anzahl von Schriftzeichen bekannt; eine andere Anzahl können wir aus Namen feststellen.

Von Zeichengruppen, die zu diesem Zwecke geeignet sind, wähle ich zwei Arten aus: 1) T_1 in verschiedenen Zusammenstellungen; 2) IP in einer Reihe von Kombinationen. — T_1 steht häufig mit Zeichen zusammen, die nach Tab. 1 und 2 den Lautwert O, OI, AI, ON haben; so finden wir es Fig. 3^a am Ende zwischen dem Pfeilzeichen (= OI) und O_n, nach dem Lautwert der Tabelle = OITO. In Fig. 1^a am Ende steht es zwischen dem schlingenförmigen Zeichen, dessen Lautwert wir als ON (NO) ansetzten, und dem breiten Pfeilzeichen, nach Tab. 2 = AI, so dass die Gruppe nach Tab. 1 und 2 = ONTAI (ονται oder ωνται) heisst. In Fig. 7[d] steht T_{15} nach dem Pfeilzeichen, dem an dem einen Widerhaken N_4 angefügt ist; neben T_{15} steht ein dem Abkürzungszeichen ähnliches und wahrscheinlich gleichbedeutendes Zeichen. Nach dem angenommenen Lautwerte der genannten Zeichen ergiebt sich OINT.(O). Fig. 8[a] zeigt uns T_{15} mit O_a = TO. In Fig. 2[b] steht T_{14} nach dem Pfeilzeichen und in Verbindung mit O_b = OITO. Im Anlaut steht T_{15} in Fig. 10[a], gefolgt von dem Pfeilzeichen und Σ_{14} = TOIΣ. Mit Ausnahme der letzten, wo T_1 im Anlaut steht, stellen die angeführten Kombinationen von T_1 griechische Conjunctiv- und Optativendungen dar, ein Zusammentreffen, dessen Wiederholung an sich schon nicht gut dem Zufall zuzuschreiben ist. Nehmen wir damit noch zusammen, dass in den angeführten Fällen, wie eine Vergleichung der betreffenden Abbildungen mit den beigegebenen Deutungen zeigt, die unmittelbar vorausgehenden Zeichengruppen mit dem Lautwert der Tabellen griechische Verbalstämme ergeben, so ist die Annahme eines Zufalls so gut wie ausgeschlossen. In zwei Fällen steht am Anfang der ganzen Inschrift eine Zeichengruppe (in verschiedener Schreibung), die mit Anwendung der von uns angesetzten Lautwerte als 'OHΩΣ zu lesen ist und daher mit den erwähnten Optativformen zusammenstimmt.

Bestätigt sind durch diese Umstände, unter denen T_1 auftritt: erstens der Wert der Formen von T_1, zweitens der der beiden Pfeilzeichen als αι und οι, drittens O_a (und O_b), viertens N_4 und die schlingenförmige Verbindung von O_a mit N_e = ON.

Eine zweite, in Gesellschaft anderer, selbst ganz oder teilweise wiederkehrender, Zeichen auftretende Zeichengruppe ist IP (in den verschiedenen Formen der Tab. 1). In Fig. 29 folgen dieser Gruppe O_b und I_a, also nach der Tabelle OI (οι, ωι, ῳ). Vor der Gruppe steht eine andere: $E_{2a}N_4I_a$, nach dem Lautwerte der Tabelle = ENI. Da ἐνί den Lokalkasus oder den Dativ verlangt, so passt die vorerwähnte Endung OI sehr wohl. In Fig. 44 geht eine Gruppe voraus, die nach der Tabelle IN zu lesen ist; auch hier ist also dieselbe Endung OI zu erwarten. Dem O_bI_a der Fig. 29 entspricht in Fig. 44 nur I_b; aber P_a zeigt hier eine starke Ausbiegung, so dass wir in dieser eine mit P_a verbundene Ausführung von O_b zu sehen und $P_aO_bI_a$ zu lesen haben. In Fig. 50 geht E_{2a} N_e I_a voraus, also wieder ENI; hier folgt der Gruppe IP das Pfeilzeichen, nach Tab. 2 = OI, so dass der Lautwert der Tabelle auch hier wieder die erforderte Dativendung bietet.

In andern Fällen geht keine nach der Tabelle als ἐνί oder ἐν zu lesende Gruppe voraus, und wir finden auch andere der Gruppe IP folgende Zeichen. Fig. 17 zeigt uns da ein Schriftzeichen, welches N_4 gleicht, dessen einer Schenkel aber nach aussen konvex ausgebogen ist, also die Gestalt von O_b hat, so dass wir die Endung ON erkennen. In Fig. 88 entspricht diesem Zeichen eine aus N_4 und O_b derart zusammengesetzte geschlossene Figur, dass die konkaven Seiten der beiden Zeichen gegen einander gekehrt sind. Dieselbe Form finde ich in einer Anzahl von hier nicht publicierten Inschriften; einmal auch die schon oben erwähnte schlingenförmige Verbindung von O_a und N_4, die übrigens auch in der Henno-Bilingue bestätigt ist.

Ergeben so die der Gruppe IP folgenden Zeichengruppen passende Deklinationsendungen, so zeigt die Gruppe selbst eine interessante Vergesellschaftung mit gewissen anderen, ihr vorausgehenden oder vielmehr beigemischten Zeichen. So steht in Fig. 38 und 44 eine Form von E_2 zwischen I und P; in vier hier nicht publicierten Inschriften finde ich an dieser Stelle Formen von A_1; Fig. 50 zeigt dort ebenfalls A_1, aber das I_a ist verdoppelt. Mit dem Lautwerte der Tabelle ergeben diese Kombinationen IP-, IEP-, IAP- und IIAP-, entsprechend den dialektischen Formen: ἱρ-, ἱερ-, ἰαρ-, ἱαρ-.

Das Resultat der vorstehenden Untersuchung über die Lautgruppe IP ist dies:

Unter Anwendung des Lautwertes, den Tab. 1 und 2 bieten, ergiebt sich:

1) dass wir den griechischen Nominalstamm ἱππο- in bekannten Dialektformen vor uns haben;

2) die dazu tretenden Endungen passen in die Deklination dieses Stammes;

3) die in den vorgeführten Fällen sich ergebenden Kasus sind die jedesmal den Forderungen der griechischen Grammatik entsprechenden.

Hierdurch wird bewiesen, dass der von uns angenommene Lautwert der in den besprochenen Fällen erscheinenden mykenischen Zeichen richtig ist, da ein blosser Zufall sowohl durch die Zahl der zueinander passenden und einander ergänzenden Kombinationen, als auch durch den Umstand ausgeschlossen ist, dass in den Einzelfällen die weitere Umgebung der Gruppe mit Zubehör wechselt, aber in jedem Falle passenden Sinn ergiebt.

Zu den durch die Kombinationen mit T_1 bestätigten Lautwerten kommen nun noch die durch die letzte Untersuchung festgestellten, I_{abc}, A_1, E_4, P_{bcd}, Ligaturen von O_b und N_e.

Noch eine fernere Zahl von Zeichen wird in ihrem Lautwerte durch einige Namen bestätigt, die durch die Fundumstände als zutreffend erwiesen werden.

Zuerst ist hier zu nennen die doppelte Beischrift auf der Weihung des Hannon (vgl. den Nachtrag zum I. Teile dieser Schrift). Während hier der in mykenischer Schrift wiederholte Name des Hannon durch die phönizische Inschrift bezeugt wird, ist in einigen anderen Fällen das Zeugnis dadurch gegeben, dass wir die Gottheit kennen, der die Weihung gilt. Wenn nun eine darauf befindliche mykenische Inschrift unter Anwendung des von der Zeichentabelle gebotenen Lautwertes

den Namen der bekannten Gottheit nennt, so ist damit die Richtigkeit des angewendeten Lautwertes im höchsten Grade wahrscheinlich gemacht. Dies trifft zunächst in Fig. 38, Fig. 40, Fig. 41, wo notorisch der Astarot oder Istar geltende Weihungen diesen Namen (Is$^{k}_{t}$arot, Istgarot, Istrot, Istar) tragen; ferner in Fig. 47 und 48, wo Votivstelen der karthagischen Tanit die Namen Tanit und Astarot zugleich aufweisen. Besonderes Interesse bietet der in einigen dieser Inschriften gemachte Versuch, den dem Griechen fremdartigen Klang phönizischer Laute graphisch auszudrücken. Dies ist der Fall bei der a. a. O. zuerst vorgeführten Schreibung des Namens Hannon, indem durch eine nach A_1 folgende Form von E_4 der mit dem phönizischen Anlaute verknüpfte Hauchlaut angedeutet ist. Zu vergleichen ist das Verfahren, welches in Fig. 38, 40 und 48 angewendet wird, um den ungriechischen Klang der Lautgruppe štа in dem Namen Aštarot (Ištarot) wiederzugeben; wir finden K_b (Fig. 38), Γ (Fig. 40) und E_4 (Fig. 48) verwendet, wodurch mindestens der gutturale Laut dieser drei Zeichen bezeugt wird. Bestätigt werden durch diese Namen eine Anzahl bereits durch die oben beigebrachten Beweise festgestellter Lautwerte; neu dazu kommen I_4, Σ_1, T_2 in mehreren Formen und schliesslich durch Fig. 38, 40 und 48 die Wiedergabe des langen O-Lautes durch Formen von O_m, während Fig. 47^b, wo das einfache O_b an der entsprechenden Stelle erscheint, den Beweis liefert, dass der besondere Ausdruck für die Länge dieses Lautes auch vernachlässigt werden kann.

Mit Hilfe der bisher festgestellten Lautwerte (A_1, Δ_e, E_4, I_{abc}, K_e, das wenigstens durch Fig. 38 als Guttural bestätigt wird, N_e, O, H_{ab}, H_{bc}, P_{bcd}, Σ_1, T_1, T_2) lassen sich nun die noch fehlenden Lautwerte erschliessen, indem wir Kombinationen in den vorhandenen Inschriften aufsuchen, die neben den ihrem Werte nach feststehenden noch unbekannte oder zu bestätigende

Zeichen enthalten. In den beiden Inschriften Fig. 45ᵃ und 45ᵇ beispielsweise sind alle Zeichen dem Lautwerte nach gesichert, bis auf das dritte Zeichen von rechts in 45ᵃ und das zweite von rechts in 45ᵇ. Erstere Inschrift heisst in ihrem bekannten Teile: HA-PON, 45ᵇ: E-NOAI; es ist hier in beiden Fällen der Laut Y in der Lücke zu erwarten, wie ihn für die dort befindlichen Zeichen die Tabelle bietet. Hätten wir hier die Aufgabe, diejenigen Lautwerte, welche durch die in diesem IV. Teile vorliegender Schrift geführten Beweise noch nicht bestätigt sind, überhaupt erst aufzufinden, so würde hier eine umfangreiche Untersuchung folgen müssen, in welcher durch Aufsuchung und Vergleichung der verschiedenen Gruppen, in denen die neu zu bestimmenden Zeichen erscheinen, die neuen Lautwerte erschlossen und geprüft werden müssten. Da es sich für uns aber nur darum handelt, bereits auf anderem Wege erschlossene Lautwerte (die der Tab. 1 und 2) zu bestätigen, so braucht nur auf die in den ersten beiden Teilen dieser Schrift vorgenommenen Entzifferungen hingewiesen zu werden, in denen neben den hier neuerdings in ihrem Lautwerte bestätigten Schriftzeichen für die übrigen Zeichen die Lautwerte der Tabellen eingesetzt und durch den passenden Sinn, den sie ergeben, bewiesen sind.

Am Schluss und als Abschluss dieser Beweise will ich noch eine Thatsache erörtern, die abgesehen von ihrer beweisenden Kraft noch nach anderer Richtung interessant ist. Peiser[1] veröffentlicht im 1. Nachtrage zu der unten genannten Schrift nach Sayce, Journal of the Royal Asiatic Society, 1892, teilweise eine kleine assyrisch-hittitische (?) Bilingue, deren hittitischer Teil mykenisch gelesen einen passenden Sinn ergiebt. Der im Ashmolean-Museum vorhandene Stein zeigt das Bildnis eines

[1] F. E. Peiser, Die hettitischen Inschriften. Ein Versuch zu ihrer Entzifferung u. s. w. Berlin, Wolf Peiser, 1892.

Königs, der anbetend vor einer Göttin steht. Beigefügt ist folgende assyrische Legende in Keilschrift:

In-di-ši-ma
mar Iš-ir-da-mu
arad (ilu) Iš-ha-r[a].

Ausserdem befinden sich in der Nähe der Göttin und hinter dem Könige Schriftzeichen, die Peiser als zweifellos hittitisch bezeichnet. Obwohl keines der Zeichen mit den bekannten hittitischen Schriftzeichen hinreichend genau übereinstimmt, so bestreite ich aus einem weiter unten zu erwähnenden Grunde die hittitische Herkunft nicht, ohne jedoch letztere als sicher anzunehmen.[1] Sind die Zeichen thatsächlich hittitisch, so würde dies den sichern Beweis des engsten Zusammenhanges zwischen der mykenischen und hittitischen Schrift liefern; denn sämtliche hier vorliegende Schriftzeichen lassen sich mit mykenischen Zeichen identificieren und ergeben mit dem von uns den letzteren untergelegten Lautwerte einen durchaus passenden Sinn.

Das zuerst zu lesende (unten stehende) von den vier (oder vielmehr fünf) hinter dem König befindlichen Zeichen ist A_6; es folgt dann ein Zeichen, dessen oberer Teil als Σ_{14} zu erkennen ist, nur dass die Spitzen der nach rechts und links gewendeten Stengel nicht die ganzen Samenkapseln (oder Knospen) tragen, sondern sie nur durch eine halbkreisförmige Linie andeuten, während der senkrechte Stengel von einem ganzen Kreise gekrönt ist. Der untere Teil erscheint mir als K_8 in umgekehrter Stellung, so dass dieses zweite Zeichen eine Verwachsung von Σ_{14} und K_8 darstellt.[2]

[1] Jensen (Grundlagen für eine Entzifferung der [h]atischen oder cilicischen Inschriften, Zeitschrift der Deutschen Morgenländischen Gesellschaft, 1894, S. 265 fg.) bestreitet nicht nur die Zugehörigkeit der in Frage stehenden Zeichen zu dem sogenannten hittitischen Schriftsystem, sondern will in ihnen überhaupt keine Schriftzeichen sehen. Bis zu diesem Punkte der Negation vermag ich ihm indessen nicht zu folgen.

[2] Jensen a. a. O. sieht in diesem Zeichen nur eine Form des Henkelkreuzes, des ägyptischen Symbols für „Leben". Wenn sich indessen eine

Das nächste Zeichen ist identisch mit L_6[1]; darauf folgt eine etwas rohe Umrisszeichnung von M_{34}, die etwa ein Mittelding ist zwischen M_{33} der Tab. 1 und M_{35}. Das letzte Zeichen hat die Gestalt eines Tierkopfes, ist aber nicht mit dem Bockskopfe der Jowanoff-Bilingue zu identificieren, da es weder die nach hinten gebogenen Hörner, noch den Bart des dort vorhandenen Kopfes aufweist. Es scheint vielmehr eine bildliche Ausgestaltung der folgenden Zeichengruppe zu sein: oben $L_{[illegible]}$, unten L_4, in der Mitte $M_{[illegible]}$. Diese Zusammenstellung ergiebt das Schema eines Tierkopfes, wie er auf der hier besprochenen Darstellung zu sehen ist.[2] Die ganzen, bis jetzt besprochenen Zeichen geben also den Lautwert: d sk (i)m imi. Es fällt sogleich auf, dass die vier ersten Zeichen zusammen an den Namen In-di-ši-ma erinnern, und wir vermissen nur die erste Silbe: in. Nun ist aber noch ein Schriftzeichen übrig, welches in der Nähe der Göttin angebracht ist und von Peiser a. a. O. für das Symbol der Göttin gehalten wird. Dieses, welches Peiser mit der Gestalt eines Eselskopfes vergleicht, entspricht nun vollständig der vermissten Silbe „in"; denn L_8 mit oben aufgesetztem N_6 ergiebt das Schema eines Eselskopfes. Wir werden annehmen müssen, dass dieses Zeichen zu den fünf hinter dem

---

andere Deutung bietet, so hindert nichts, diese anzunehmen, da die gewöhnliche Form des Henkelkreuzes nicht mit der unseres Zeichens übereinstimmt.

[1] Dieses Zeichen, welches von Peiser a. a. O. (nach Sayce) als rechts neben dem langgestreckten (von Jensen als Wasser bezeichneten) Zeichen gesondert nachgebildet wird, erscheint bei Jensen a. a. O., S. 265 als zusammenhängend mit dem obersten, einem Tierkopfe ähnlichen Zeichen, sodass Jensen es als eine Zunge ansieht. Sollte diese Abweichung von der Peiserschen Reproduktion nicht bloss auf einem Mangel des von Jensen benutzten Abdruckes beruhen, so würde dies Zeichen als Anlaut der durch den Tierkopf dargestellten Lautgruppe anzusehen sein, und die Legende würde für die drei unteren Zeichen lauten: d-sk-m, so dass dann nicht nur das unterste (erste) Zeichen als Silbenzeichen (di) zu lesen wäre, sondern auch das zweite (ski = ši).

[2] Jensen a. a. O. erklärt den Sinn dieses Zeichens mit dem darunter

König stehenden gehört[1], und also der gesamte Lautwert heisst: in-d[i]-sk-i-m-imi (oder: in-d[i]-ski-m[a]imi), was bedeuten würde: „Indišim(a) ich", oder „bin ich". Λ_6 würde dann für die Silbe di und die Verbindung von Σ_{18} und K_8 für den in der assyrischen Legende durch š wiedergegebenen Laut stehen.

Der Sinn ist so gut, dass er passender nicht gefunden werden könnte; denn wenn einmal die beigesetzten Schriftzeichen nicht den ganzen Inhalt der assyrischen Legende wiedergeben, so muss man sich doch gestehen, dass man wenigstens den Namen des Königs zu finden erwartet, gleichgiltig, ob mit oder ohne Zusatz des Namens des Vaters. Jedenfalls würde es überraschen, ohne Nennung des Königsnamens eine Bezeichnung des auf dem Bilde dargestellten Vorganges, etwa: Anbetung vor Göttin Išḫara zu finden. Hinsichtlich der Herkunft der besprochenen Inschrift scheint mir nur folgendes sicher zu sein.

---

befindlichen, welches wir m oder m(a) lesen, zusammengenommen als Kopf eines Tiers, das die Zunge nach Wasser ausstreckt, um zu trinken, sieht darin aber nur einen beliebigen, also mit der dargestellten Opferscene nicht zusammengehörigen Vorgang. Wie Platzmangel (den Jensen als Grund angiebt) den Steinschneider veranlasst haben sollte, das Wasser neben der Zunge anzubringen, vermag ich nicht einzusehen, da gerade bei Darstellung des Trinkens die Zunge sehr wohl das Wasser berühren konnte, so dass die Figur, welche das Wasser bedeuten sollte, recht gut bis unter die Zunge geführt werden konnte; die Darstellung wäre dadurch eher deutlicher geworden. Übrigens will ich bei dieser Gelegenheit erwähnen, dass eine nicht geringe Zahl der von Jensen in der citierten ausgezeichneten Abhandlung erschlossenen Lautwerte cilicischer (hittitischer) Zeichen mit Lautwerten übereinstimmen, die sich ergeben, wenn die betreffenden Zeichen als dekorativ modificierte mykenische Zeichen aufgefasst werden. Diese Erscheinung tritt besonders bei denjenigen Zeichen auf, für deren Lautwert Jensens Beweis am besten gelungen erscheint.

[1] Die enge Verbindung des Namensanfanges mit dem Bilde der Göttin erinnert an die auf hittitischen Reliefs sonst mehrfach vorkommende Umarmung durch einen Gott, in welcher die auf den Bildern dargestellten Könige erscheinen.

Der Wortlaut deutet nicht auf die griechische Sprache, und auch die Schriftzeichen sind, obwohl sie sich durchaus in das mykenische Schriftsystem einpassen lassen, doch nicht durchweg rein mykenisch. Schon die eigenartige Gestaltung von M_{18} und die Verwachsung von Σ_{18} und K_{8} sind fremdartige Erscheinungen; noch mehr weicht Δ_{6} ab, dem hier der Lautwert di zukommt; möglicherweise ist, wie wir sahen, auch das zweite Zeichen als Silbe (ski) zu lesen. Es scheint also die Inschrift von einem nicht griechisch redenden Volke zu stammen, welches das mykenische Schriftsystem im ganzen adoptierte, aber für die Zwecke seiner Sprache in manchen Einzelheiten umbildete. Ob dieses Volk das der Hittiter war, lasse ich unausgemacht; die Möglichkeit ist jedenfalls nicht zu bestreiten.

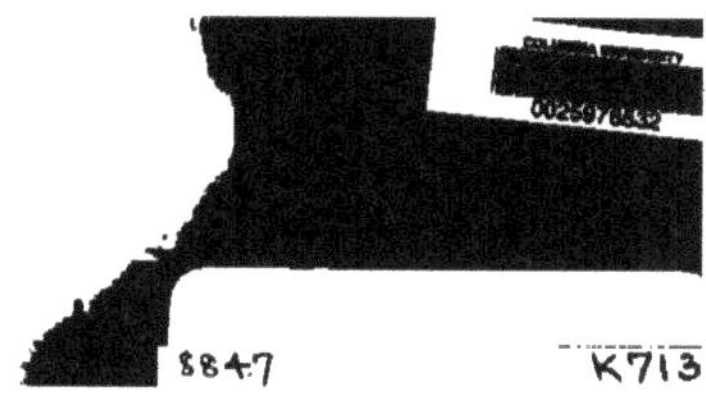